Le journal de mon *post-partum*

Direction de la publication : Isabelle Jeuge-Maynart
et Ghislaine Stora
Direction éditoriale : Élodie Bourdon
Édition : Mélissa Lagrange
Conception de la couverture : Laura Filiberti
Illustrations : portraits d'Anna Roy © Alain Boyer ;
Shutterstock ; p.14 © Hung Ho Thanh
Création de la maquette intérieure et mise en pages :
Muriel Bétrancourt
Préparation de copie : Muriel Villebrun
Relecture sur épreuves : Céline Haimé
Fabrication : Donia Faiz / Marina Dartigues Plum

ISBN : 978-2-03-607003-5

ANNA ROY
Sage-femme et chroniqueuse à *La Maison des Maternelles*
avec la collaboration de Caroline Michel

Le journal de mon *post-partum*

LAROUSSE

Sommaire

Introduction

Chère vous,

Si vous me lisez, c'est que vous venez d'accoucher... alors permettez-moi d'abord de vous féliciter. J'aimerais que vous preniez la mesure de l'exploit que vous avez accompli, quelle que soit la façon dont vous avez donné naissance à votre enfant, car 1) vous vous êtes dédoublée et 2) vous avez mis au monde une nouvelle personne humaine ! C'est inouï ! Après toutes ces années passées auprès de mes patientes, je ne me remets pas de ce miracle !

J'espère de tout cœur que cela s'est bien passé, et si ce n'est pas le cas, on trouvera des solutions, c'est promis.

Tout au long de ce cahier, ensemble, nous allons naviguer sur cette nouvelle mer que vous allez devoir traverser : le post-partum. Le post-partum est immense. Il y aura des moments de tempête, des moments doux et calmes, des moments sublimes mais décoiffants, et d'autres vraiment très drôles. Mon objectif ici est très simple : être votre GPS ! Que je vous dise tout de même la vérité : vous êtes forte et vous n'avez pas tellement besoin de moi. Mais ne vous privez pas de ce cahier. Je l'ai conçu pour qu'il vous facilite la vie. Conseils sur votre santé physique et mentale, alimentation, sommeil, activité physique... L'idée, c'est que, grâce à mes mots, tout se passe au mieux pour vous.

Enfin, ce cahier représente également la possibilité, si vous le souhaitez, de laisser une trace de ce que vous avez été pendant ces premières années, pour vous et pour la postérité. Une trace pour votre enfant, vos enfants, et les générations qui vous succéderont. Mettez-y ce que vous avez envie.

Allez hop, c'est parti !

Avec toute mon affection,

Anna Roy

On entend ici et là que le post-partum est comme ceci, comme cela... Que nenni ! Il n'en est rien ! Le post-partum est certes universel, mais il demeure une expérience profondément singulière. Aucune femme ne vit le même post-partum, ou les mêmes post-partum d'un enfant à l'autre ! Il peut être heureux, triste, loufoque, désespérant, dramatique, parenthèse enchantée, remuant, révélant... et même tout ça à la fois !

Bienvenue en post-partum !

LE POST-PARTUM, KÉZAKO ?

Il y a d'abord la définition médicale : période entre la sortie du placenta et le retour des règles (autrement appelé « retour de couches »). Ce laps de temps est variable selon les femmes, de quelques semaines à plusieurs mois, voire années, selon le mode d'allaitement et la contraception. Pour vous, cette définition n'a pas beaucoup d'intérêt. Elle n'est ni réaliste ni palpable.

Je vous en propose une autre. Le post-partum est ce moment de la vie qui raconte « je deviens parent ». C'est un renversement de l'existence. Vous viviez en vous, pour vous, et avec la responsabilité de vous-même, et voilà que vous allez devoir vivre aussi en quelqu'un d'autre, pour quelqu'un d'autre et avec la responsabilité de quelqu'un d'autre. Une nouvelle identité naît, celle de parent, qui va devoir coexister avec toutes les autres. Ce changement affecte tous les pans de l'existence : votre santé physique et mentale, votre quotidien, votre vie de couple et votre sexualité, vos finances, votre vie professionnelle… Souvent pour le meilleur, parfois pour le pire. Mais ne craignez pas ce pire. Les milliers de femmes que j'ai accompagnées me permettent de vous le dire : la plupart du temps, le post-partum est une chance inouïe. Celle de pouvoir se réinventer, voire de naître au monde une nouvelle fois !

À chaque naissance son post-partum !

Le post-partum n'est pas réservé au premier enfant. À chaque nouvelle naissance, on repart pour un tour, et pas forcément le même. La tonalité du post-partum dépend de multiples facteurs : vécu de l'accouchement, caractère et sommeil de l'enfant, ambiance à la maison, ambiance au travail, rapport au corps à ce moment-là… Comme on relance les dés à chaque fois, ce carnet vaut pour tous les post-partum !

Selon moi, ce profond remaniement qu'implique le post-partum dure trois ans ; j'en ai même fait le titre d'un livre[1]. Ici, ensemble, nous nous concentrerons sur la première année, qui est la plus intense et qui concentre les joies et les risques les plus forts.

1 Anna Roy et Caroline Michel, *Le post-partum dure trois ans*, Larousse, 2023.

LE POST-PARTUM, UNE AVENTURE

Où allons-nous ensemble ? Le post-partum est une longue traversée. Vous allez emprunter plusieurs chemins, que l'on peut assimiler à des étapes. Volontairement, je ne leur assigne aucune durée précise car elles diffèrent selon les femmes.

Les étapes de mon post-partum en un coup d'œil

LE POST-PARTUM DES PREMIERS JOURS

Il est aussi le post-partum dit « immédiat ». Vous venez d'accoucher, vous êtes encore à la maternité, puis vous rentrez à la maison. Vous oscillez entre état de grâce et sensations vertigineuses : donner naissance est magnifique mais la responsabilité qui s'annonce est abyssale. Vous êtes hors du temps et de l'espace. Comment ça, la vie continue au dehors comme si de rien n'était ?! Vous le pressentez : l'accouchement est bel et bien « le premier jour du reste de votre vie ».

LE POST-PARTUM DES PREMIÈRES SEMAINES

Vous naviguez à vue entre émerveillement, maux divers, fin du baby blues, repli sur soi, apprentissages au quotidien (autant au sujet de votre petit que sur vous et votre couple…). Une période d'étonnements, de découvertes et… de fatigue !

LE POST-PARTUM DES PREMIERS MOIS

Un rythme de croisière s'installe. Vous trouvez vos marques, vous vous sentez réhabiter votre corps, vous êtes plus sûre de vous avec votre enfant… Une phase durant laquelle vous comprenez que la vie sera différente à tout jamais… ce qui est très plaisant pour certaines et beaucoup moins pour d'autres.

LE POST-PARTUM DE LA PREMIÈRE ANNÉE

Reprise du travail ou non, moyens de garde à discuter, dépression qui se pointe ou pas (vous verrez, j'en parle beaucoup, non pas pour vous effrayer, mais pour vous prévenir ; c'est mon rôle), couple joyeux ou qui s'englue, enfant facile ou très en demande… Une année ébouriffante tant elle demande d'ajustements, mais aussi extrêmement gaie !

LE POST-PARTUM DES DEUXIÈME ET TROISIÈME ANNÉES

Voilà le temps où on est à distance de l'accouchement et durant lequel on commence à retrouver la « soi d'avant » même si on ne la retrouve jamais tout à fait. On devient quelqu'un d'autre, souvent de plus grand, de plus fort, de plus profond !

L'ACCOUCHEMENT, C'ÉTAIT COMMENT ?

L'accouchement, qu'il se soit bien ou mal passé, est une des plus grandes aventures humaines qu'une personne puisse vivre. Entre le dédoublement, la rencontre, l'épreuve physique, la douleur, l'inconnu, l'amour qui se fait chair et os, ça fait beaucoup !

Son souvenir peut piper les dés du post-partum : il peut vous donner un allant incroyable ou, au contraire, vous laisser un goût amer, voire un trauma, et faire le lit d'une éventuelle déprime ou dépression. L'accouchement, c'est l'acte fondateur en somme. Alors c'est le moment de faire le point !

Mon accouchement

- ☐ *Où était-ce et quand ?* ....
- ☐ *Par voie haute ou par voie basse ?* ....
- ☐ *Long ou court ?* ....
- ☐ *Une anesthésie ?* ....
- ☐ *Des cicatrices ?* ....
- ☐ *Des complications ?* ....
- ☐ *Et le coparent dans tout ça ?* ....
- ☐ *Ce que j'en garde comme souvenirs / vécu émotionnel ?* ....
- ☐ *Ai-je tout compris de mon accouchement, des difficultés (s'il y en a eu) ?* ....

J'ai la chance d'adorer accoucher ! Oui, oui, vraiment ! Si je pouvais, j'accoucherais tous les jours. Le rendez-vous avec l'enfant, l'épreuve sportive que cela représente, le lien avec mon amoureux et la sage-femme... Vraiment, je trouve ça merveilleux ! Alors que je déteste la grossesse ! Comme quoi, chaque femme est différente... À chacune son vécu ! Vous avez détesté ? Pas de panique, le tout, c'est de se l'avouer et de pouvoir le verbaliser.

Attention à l'état de stress post-traumatique !

Certaines femmes ressortent de l'accouchement en état de « stress post-traumatique ». Il peut ne pas se manifester tout de suite, mais se faire sentir quelques jours ou semaines plus tard… Cet état associe :

1. ***Une reviviscence de l'accouchement*** sous forme de flash-back, d'intrusions involontaires et envahissantes d'images ou de pensées, de cauchemars…

2. ***Un évitement des pensées***, discussions ou personnes en rapport avec l'accouchement parce que c'est trop douloureux d'y penser.

3. ***Des troubles de l'humeur***, des difficultés d'alimentation, des troubles du sommeil, de l'hypervigilance, une incapacité à se concentrer…

> Vous avez accouché par césarienne et vous vous sentez triste, amère, voire vous avez le sentiment de ne pas avoir accouché ? Je tiens vraiment à vous dire que la césarienne est un accouchement comme un autre, si ce n'est (bravo) qu'il vous a fallu une sacrée dose de courage supplémentaire pour faire face à l'opération et ses suites. Alors, par pitié, ne vous sentez coupable de rien et soyez très fière de ce que vous avez traversé !

Pas de panique : cela se traite et il est important de le faire rapidement pour éviter que la situation s'enlise et évolue vers des troubles anxieux ou dépressifs. Si vous vous reconnaissez dans les symptômes ci-dessus, parlez-en sans attendre à une sage-femme, un médecin ou un professionnel de la santé mentale.

Quelques mots sur votre enfant

❍ *Son prénom (ou ses prénoms) :*

....

❍ *Sa taille :* ....

❍ *Son poids :* ....

❍ *Comment avez-vous vécu la rencontre ?*

....

....

....

....

....

❍ *Vos premières impressions ?*

....

....

....

....

....

....

....

....

....

LE SUIVI MÉDICAL EN POST-PARTUM

Dans les mois à venir, votre agenda va se remplir de rendez-vous médicaux. Pas d'inquiétude : vous n'allez pas être débordée. Je le déplore : le suivi post-accouchement est assez maigre… Alors, ne passez pas à côté du peu qui existe !

Pour vous

LES VISITES À DOMICILE D'UNE SAGE-FEMME

- ***Pour faire quoi ?*** Le point sur votre santé mentale et physique : cicatrices, baby blues, hémorroïdes…
- ***Quand ?*** La première a lieu dans les 24 à 48 heures qui suivent la sortie de la maternité.
- ***Le nombre ?*** Selon vos besoins, d'une seule à l'infini !
- ***La prise en charge ?*** L'Assurance maladie prévoit autant de visites que nécessaire.

L'ENTRETIEN POSTNATAL PRÉCOCE

- ***Pour faire quoi ?*** Échanger quant à votre état, votre moral, bref, votre santé mentale.
- ***Quand ?*** Entre 4 et 8 semaines après l'accouchement.
- ***Avec qui ?*** Une sage-femme (et plus exceptionnellement avec un médecin).
- ***Le nombre ?*** C'est un *one shot* mais on peut solliciter un second entretien.
- ***Obligatoire ?*** Non, mais ce rendez-vous est systématiquement proposé, et je ne peux que vous encourager à l'honorer.

LA CONSULTATION POSTNATALE

- ***Pour faire quoi ?*** S'assurer que votre corps s'est remis de ses émotions de la naissance et de la grossesse.
- ***Quand ?*** Entre 6 et 8 semaines après l'accouchement.
- ***Avec qui ?*** Une sage-femme si l'accouchement s'est bien passé et un gynécologue obstétricien si vous avez présenté des complications (césarienne, forceps…).
- ***Obligatoire ?*** Oui ! Et important !

LA RÉÉDUCATION PÉRINÉALE

- ***Pour faire quoi ?*** Remettre votre périnée d'aplomb !
- ***Avec qui ?*** Une sage-femme ou un kiné.
- ***Quand ?*** Entre 4 et 8 semaines après l'accouchement (mais sachez qu'il n'est jamais trop tard pour bien faire et commencer).
- ***Le nombre ?*** Généralement une fois par semaine, mais cela peut être plus ou moins.
- ***Avec quelle méthode ?*** Celle qui vous conviendra : manuelle (avec les doigts) ou avec sonde (biofeedback ou électrostimulation).
- ***Obligatoire ?*** Non, mais allez plutôt voir le rôle du périnée (page 14). J'espère que cela suffira à vous convaincre.

> L'entretien postnatal précoce s'intéresse d'abord à votre santé mentale, et la consultation postnatale à votre corps… En réalité, voyez ces deux consultations comme des espaces d'échanges, au sein desquels un seul sujet triomphe : VOUS ! Parlez de tout ce que vous voulez.

LES AUTRES RENDEZ-VOUS POSSIBLES

Peut-être aurez-vous besoin de séances de rééducation abdominale (voir page 97), notamment si vous avez accouché par césarienne ou souffrez de diastasis (espacement anormal des muscles abdominaux). Ou de consulter un rhumatologue, un nutritionniste, un psychologue… Tout est possible ! L'essentiel, par pitié, c'est que vous soyez convaincue que votre santé est une priorité. Ne faites pas comme 71 % des femmes qui la font passer après celle des autres[1].

La reprise ou le démarrage du suivi gynécologique de prévention

C'est le moment de reprendre votre suivi gynécologique (ou de l'entamer si vous n'en aviez pas). Quand ? Entre 6 et 12 mois après la visite postnatale. Le but ? Causer contraception, sexualité, dépistage (infections, cancers…), examen clinique et/ou échographique, IVG, prise en charge des situations de violences…

Le suivi gynécologique peut être agréable et fortement utile (si si, je vous promets) et comme il touche à ce qu'il y a de plus intime, n'hésitez pas à changer de praticien si le vôtre ne vous convient pas. Vous n'êtes pas mariée avec lui !

Pour votre enfant

LES VISITES À DOMICILE DE SAGE-FEMME

Oui, la sage-femme prend également soin de votre bébé ! Elle le pèse, le mesure… Bref, elle l'examine du premier des cheveux au dernier des orteils. Un souci ? Direction le pédiatre !

LES VISITES DE PRÉVENTION CHEZ LE MÉDECIN
(extrêmement importantes !)

- ***Quand ?*** La première visite a lieu dans les quinze jours après l'accouchement, puis une fois par mois pendant les six premiers mois. Bien entendu, ajoutez à cela les aléas : si votre enfant est malade, vous n'attendez pas la prochaine visite, vous sollicitez une consultation.

- ***Avec qui ?*** Un pédiatre ou un médecin généraliste qui a l'habitude de s'occuper des nouveau-nés.

LES VISITES À LA PMI

Les centres de protection materno-infantile peuvent assurer le suivi de prévention de votre enfant de 0 à 6 ans.

LES AUTRES RENDEZ-VOUS POSSIBLES

Comme pour vous, d'autres rendez-vous sont parfois nécessaires : ostéopathe, radio, médecins spécialistes…

1 Étude d'AXA Prévention menée par Elabe auprès d'un échantillon de 2 505 personnes, dont 1 324 femmes et 1 181 hommes, représentatif des résidents de France métropolitaine âgés de 15 ans et plus.

VOTRE SANTÉ PHYSIQUE

Hello mon corps !

Où en êtes-vous avec votre corps ? Que se passe-t-il ici et là, de vos seins à vos cheveux ? Faites le point en annotant les silhouettes ci-dessous. Vous serez sûre de ne rien oublier !

Ça bouge, ça tire, ça saigne, ça fuit... Votre corps se remet de l'accouchement ! Sortons la loupe pour voir un peu ce qu'il traverse...

L'UTÉRUS

Sitôt l'accouchement terminé, l'utérus se contracte pour reprendre sa taille initiale de clémentine, qu'il retrouvera au bout de deux mois et demi. Voilà pourquoi il est impossible d'avoir un ventre plat après la naissance ! Qui dit contractions dit parfois douleurs que l'on appelle « tranchées » en post-partum. Rassurez-vous, elles durent rarement plus de quelques jours. Et, surtout, cela ne sert à rien de souffrir : si vous avez mal, demandez un traitement médicamenteux.

LES SAIGNEMENTS

Appelés « lochies », les saignements sont très abondants les premiers jours, puis se tarissent tranquillement pour s'arrêter en moyenne 2 à 3 semaines après l'accouchement (attention, ceci n'est qu'une moyenne : cela peut durer de 3 jours à 6 semaines). À ne pas confondre avec le retour de couches, qui est le retour des règles (voir page 17).

La couleur, la consistance et la régularité de ces saignements peuvent parfois vous surprendre. Tantôt rose clair, rouge vif, marron... Comme de l'eau, visqueux, épais... Plus rien, puis abondant, puis normal... À chaque jour son lot de nouvelles surprises ! Attention si c'est trop abondant (plus d'une serviette par heure) ou malodorant, consultez en urgence.

Le bon choix de protection hygiénique

C'est quoi, une bonne serviette hygiénique en post-partum ? Une serviette sans voile microaéré, sans substances bleues, ou que sais-je ! Optez pour une grosse « couche » blanche, autrement appelée... « garniture ». Évitez les dispositifs intravaginaux (tampons ou cup) et les culottes de règles. C'est pratique mais... bémol : on ne voit pas la couleur de son flux et la composition des tissus peut transformer l'odeur dans le bon sens (comme dans le mauvais sens). Pas terrible pour se situer ! Aussi, les culottes de règles étant très absorbantes, on a tendance à les garder (trop) longtemps. Or, le sang est un grand milieu de culture (de bactéries), et en post-partum, notamment si on a une cicatrice vulvaire, ce n'est pas génial (risque d'infection) !

LES CICATRICES

Il existe plusieurs types de cicatrices « spécial accouchement » : cicatrice de déchirure naturelle, d'épisiotomie ou de césarienne. Peu importe la vôtre, ou les vôtres, allez-y tranquille : une cicatrice, c'est une plaie chirurgicale, donc ce n'est pas le moment de faire la roue, de multiplier les mouvements d'abaissement et relèvement, de piétiner des heures (on évite les concerts dans la fosse…). Bref, estimez que vous êtes en arrêt maladie. Quelqu'un qui se fait opérer de l'appendicite l'est, non ?

Quelques tips pour bien vivre avec ses cicatrices :

- En cas de déchirure ou d'épisiotomie, changez vos serviettes hygiéniques régulièrement pour maintenir la cicatrice au sec. L'idéal serait de se balader cul nul mais bon, les lochies ne le permettent pas vraiment…
- En cas de césarienne, il est important de porter une culotte dont l'élastique ne frotte pas sur la cicatrice afin de ne pas entraver la cicatrisation. Trois possibilités : culotte extra taille basse, culotte extra taille haute, ou vieille culotte (pas trop lâche) dont vous découpez l'élastique.

Conseils pour favoriser la cicatrisation

✓ *Lavez soigneusement votre cicatrice matin et soir (de préférence après être allée à la selle pour les cicatrices périnéales, sinon vous êtes bonne pour recommencer en sortant des toilettes.)*

✓ *Utilisez un savon ou un gel à la composition nette : fuyez les colorants, les parfums…*

✓ *Séchez délicatement votre cicatrice en la tamponnant avec une serviette propre ou un mouchoir à usage unique. Évitez le sèche-cheveux, même si c'est tentant : son usage rétracte les fils et provoque un effet « roast-beef », avec une douleur accrue in fine !*

✓ *N'oubliez pas de faire surveiller votre cicatrice par votre sage-femme libérale lors de ses visites à domicile* *(voir page 10).*

Après l'accouchement, voie basse ou voie haute, les femmes se font souvent une idée complètement erronée de l'aspect de leur vulve. Elles l'imaginent volontiers défigurée, moche, inmontrable… alors que ce n'est pas le cas ! Il faut oser jeter un œil à son intimité une dizaine de jours après l'accouchement pour s'apercevoir finalement que rien n'a changé. J'ose une comparaison scabreuse : lorsqu'on est allée à la selle et qu'une crotte est sortie, notre anus ne s'en trouve pas défiguré pour autant ! L'anus comme la vulve savent ce qu'ils ont à faire !

LE PÉRINÉE

Petit rappel : le périnée est l'ensemble des parties molles qui ferment le bassin. Vous m'avez bien lue. Pas de périnée = mes intestins tombent par terre à travers mon bassin ! Constitué essentiellement d'une dizaine de muscles, il est donc éminemment important et impliqué dans les fonctions urinaires, digestives, sexuelles et reproductives.

Évidemment, la grossesse et l'accouchement l'ont quelque peu bousculé et on comprend aisément pourquoi. Entre les modifications hormonales, le poids du bébé à supporter pendant neuf mois, la prise de poids, puis l'accouchement, il a de quoi être chamboulé. Mais aucune inquiétude à avoir :

- Votre corps est fait pour ça.
- Votre périnée va se remettre de ses émotions grâce au temps de la récupération et à la rééducation périnéale (voir page 10).
- Nous allons découvrir tout au long de cette année à venir comment en prendre soin.

Il y a encore vingt ans, on avait tendance à croire que la jeunesse avait forcément un bon périnée et la vieillesse un périnée peu tonique… Voilà ce que j'ai entendu sur les bancs de l'école ! Quelle ne fut pas ma surprise, une fois en exercice, de rencontrer des femmes de 70 ans avec des périnées casse-noisettes et des femmes de 20 ans, très sportives, avec des périnées abîmés ! Attention donc : si l'âge participe à une belle élasticité du périnée (on ne peut le nier), d'autres facteurs jouent sur sa santé : la génétique (c'est la loterie), la consommation de tabac, le surpoids, la pratique de certains sports, le nombre d'enfants… N'oubliez pas que les bilans du périnée s'effectuent tout au long de la vie, en particulier si vous constatez des fuites, des difficultés à retenir vos gaz, des douleurs, une béance vaginale…

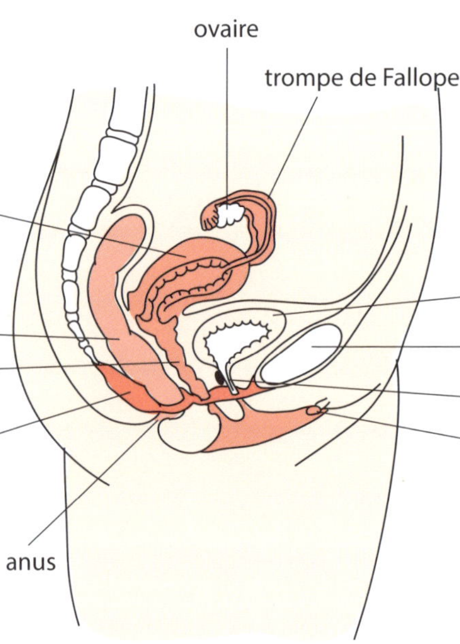

LES HISTOIRES DE PIPI !

Que peut-il vous arriver de ce côté-là ?

1. ***Les infections urinaires*** sont fréquentes après l'accouchement ! Au moindre signe (brûlures ou douleurs en urinant ; sensation de pesanteur ou douleurs dans le bas du ventre ; besoins pressants d'uriner ; besoin d'uriner très souvent de tout petits pipis ; urines troubles dégageant une odeur inhabituelle et contenant éventuellement des traces de sang), consultez sans tarder une sage-femme ou un gynécologue.

2. ***Les fuites urinaires*** sont également très fréquentes en post-partum parce que votre périnée est sidéré. Le plus souvent, cela s'estompe ou s'arrête après quelques jours ou semaines, mais parfois, il faut attendre la rééducation du périnée pour que tout rentre dans l'ordre (voir page 10).

LES HISTOIRES DIGESTIVES !

Pas de tabou, nous l'avons dit !

Les hémorroïdes

Rien de plus banal ! Cela concerne un peu plus d'un tiers des femmes qui ont accouché. Les hémorroïdes, soit on en a déjà eu, soit on en a, soit on en aura. Le plus souvent, elles disparaissent spontanément. Si elles sont douloureuses : crème, suppositoires, comprimés veinotoniques et du froid.

La reprise du transit

La reprise est plus ou moins facile selon les femmes, pas d'inquiétude. En tout cas, il est important de savoir que les fils de suture ne peuvent pas craquer lorsque l'on va à la selle.

> Le froid, pour les hémorroïdes ou les cicatrices, c'est génial, car anesthésiant et anti-inflammatoire. Vous pouvez couper des serviettes hygiéniques, les remplir d'eau et les placer au congélateur, ce qui vous fera des patchs glacés économiques et à la taille qui vous arrange ! Certes, ça va couler quand ça va fondre, mais la praticité et les bénéfices de cette astuce valent bien le désagrément.

LES SEINS

Vous ne reconnaissez plus vos seins ? C'est fort probable ! En cause, la grossesse, qui les a modifiés : durant neuf mois, la glande mammaire s'est développée en vue d'un potentiel allaitement et les hormones ont fait leur loi… Résultat, ils peuvent être plus flasques et moins fiers, présenter une hyperpigmentation de l'aréole, un grossissement du mamelon… En allaitant, ils peuvent ensuite acquérir un nouveau volume et une nouvelle consistance, pour stocker le lait. Si on n'allaite pas, ils perdent leur taille de grossesse mais ne reprennent pas forcément leur allure d'antan, même si c'est loin d'être impossible. Tout ça n'est qu'une question de loterie. Impossible de savoir à l'avance comment ils vont évoluer, entre la grossesse et le post-partum… Ça dépend des femmes ! Oubliez les crèmes magiques qui sont censées redresser votre poitrine… C'est de la foutaise !

Diantre, montée de lait, comment gérer ?

Ce processus survient entre le deuxième et le cinquième jour après l'accouchement. Il s'agit de la transition du colostrum vers le lait mature. Chez certaines femmes, les montées de lait sont inflammatoires (seins durs, fièvre…), chez d'autres, on ne s'en aperçoit pas. Difficile de statuer. Si c'est un mauvais moment à passer, on se fait accompagner. Il faut beaucoup faire téter le bébé, se médicamenter, mettre des compresses d'eau froide ou d'eau chaude (selon ce qui vous fait du bien)… En tout cas, détendez-vous : c'est transitoire, ça se régule. N'allez pas penser que l'allaitement sera compliqué, c'est l'affaire de 48 ou 72 heures !

Si vous avez choisi de nourrir votre enfant avec des biberons de lait artificiel, on vous donnera des anti-inflammatoires pour passer le cap de la montée de lait jusqu'à ce qu'elle se tarisse.

LES CHEVEUX

Après des mois à arborer une magnifique crinière vient le temps de l'effluvium télogène… la chute des cheveux qui auraient dû tomber pendant neuf mois et qui se décident à ce moment-là (en général trois mois après l'accouchement) ! Comme c'est physiologique, les solutions antichutes relèvent souvent de l'arnaque. Deux choses à faire :

- ✓ **Favoriser la repousse** en prenant soin de vos cheveux (masques, massage du cuir chevelu, alimentation généreuse en vitamines B et en fer…).
- ✓ **Consulter un généraliste** ou un dermatologue si le phénomène prend trop d'ampleur.

LA PEAU

Les vergetures

La grossesse favorise les vergetures, qui ne disparaissent jamais tout à fait… Si elles vous gênent vraiment, un dermatologue peut éventuellement vous sauver la mise grâce au laser (car les crèmes magiques n'existent pas).

La ligne brune, le masque de grossesse et la coloration de la vulve ou des mamelons

Durant la grossesse, vous avez peut-être vu apparaître une ligne brune (verticale, sur le ventre), un masque de grossesse (taches brunes sur le visage), ou bien constaté que votre vulve ou vos mamelons avaient foncé. La faute à l'hyperpigmentation (une histoire d'hormones). C'est toujours là après l'accouchement ? Ça peut traîner… Évitez le soleil durant tout le temps de l'allaitement. Si vous n'allaitez pas, comptez au moins six semaines après l'accouchement pour lâcher le bob.

Les varices et les varicosités

Les varicosités (mini-veines qui éclatent) et les varices (« grosses » veines dilatées) sont elles aussi favorisées par la grossesse. En post-partum, au choix : elles disparaissent (chouette), s'atténuent (cool) ou bien restent (dommage). Si c'est un sujet chez vous, rien de tel qu'un phlébologue pour faire le point.

Le corps ressort plus ou moins cabossé de la grossesse et de l'accouchement, et on déguste en post-partum. Mais ne vous démoralisez pas ! Voyez plutôt ce que vous avez accompli. N'est-il pas normal que votre corps accuse des modifications et s'en remette à son rythme ? Vos vergetures, vos taches… Ces « marques » sont la preuve de l'exploit, non ? Soyez indulgente avec elles… et patiente !

LE RETOUR DE COUCHES

Un beau jour, vos règles reviennent. C'est ce que l'on appelle le « retour de couches ». Vous saignez, preuve que votre cycle se remet en route. Ne confondez pas ces saignements avec les lochies, les débris de l'accouchement (voir page 12).

Bon, et il a lieu quand, ce retour de couches ? En théorie :

- ***Quand on n'allaite pas***, il survient entre six et huit semaines après l'accouchement. Ne comptez pas les jours, il s'agit d'une moyenne.
- ***Quand on allaite***, il a lieu entre six et huit semaines après l'arrêt de l'allaitement. Oui, les hormones impliquées dans l'allaitement mettent notre corps en état de grossesse, si je puis dire. En somme, allaiter, c'est un peu comme être enceinte. Mais attention, ce n'est pas une science très exacte : il arrive que l'on ovule et que l'on ait ses règles… Notamment quand on commence à espacer les tétées. Bref, c'est difficile à dire.

Si trois à quatre mois après l'arrêt de l'allaitement (ou après l'accouchement si vous n'allaitez pas), vos règles n'ont pas toqué à la porte, consultez une sage-femme ou un médecin pour faire le point.

L'allaitement, une contraception ?

On peut dire ça, mais ne nous emballons pas. La « MAMA » (Méthode de l'allaitement maternel et de l'aménorrhée) repose sur l'efficacité de la prolactine, hormone que l'on sécrète au cours de l'allaitement et qui peut bloquer l'ovulation. Mais pour que la MAMA soit efficace et vous protège réellement d'une nouvelle grossesse, plusieurs règles sont à respecter :

- ✓ *Le bébé doit être exclusivement nourri au sein (à la demande, jour et nuit, sans compléments).*
- ✓ *Il doit être allaité au sein au rythme de 6 à 10 tétées par jour.*
- ✓ *On ne doit pas dépasser plus de 6 heures entre deux tétées la nuit, pas plus de 4 heures le jour.*
- ✓ *Le bébé doit avoir moins de six mois.*
- ✓ *La femme ne doit pas avoir eu de règles depuis l'accouchement (ça ne marche pas à retardement, cette affaire).*

De là à vous dire que ça fonctionne à 100 %... Impossible. J'ai vu des femmes tomber enceintes alors qu'elles cochaient toutes les cases...

LE RETOUR DE LA FERTILITÉ

Qui dit retour de couches dit retour de la fertilité. Si vous n'allaitez pas (et encore, si vous allaitez, vous avez bien compris que l'allaitement n'était pas un mode de contraception fiable à 100 %), vous êtes exposée à une nouvelle grossesse, parfois dès trois semaines après l'accouchement (à peu près).

Voilà pourquoi, à la maternité, on vous parle déjà de contraception. Souvent, vous faites les gros yeux. Qu'est-ce qu'on vient vous ennuyer avec ça alors qu'une balle de bowling vient de sortir de votre corps ? Pourquoi vous file-t-on une ordonnance pour reprendre une contraception (généralement, une pilule progestative) ? Je vous l'accorde, on a rarement 200 rapports sexuels dans le mois qui suit l'accouchement ! Toutefois, les professionnels de la santé tiennent à vous sensibiliser et vous « équiper » au cas où. Vous n'êtes pas tenue de vous ruer sur la pilule. La consultation postnatale, la reprise du suivi gynécologique et les visites de la sage-femme à domicile sont autant d'occasions privilégiées pour discuter de votre contraception (et des contraceptions masculines, *of course*).

Attention, rappelez-vous que l'ovulation survient en moyenne 14 jours avant la date du retour de couches. Donc ? Donc on peut tomber enceinte alors même que les règles ne sont pas arrivées ! En somme, ce n'est pas parce qu'on n'a pas ses règles que la machine ne s'est pas remise en route.

LE POINT SUR LA CONTRACEPTION

Il me semble que les femmes subissent leur contraception. Pourquoi ? Je n'en sais rien. Des professionnels de la santé qui les orientent trop ? Trop d'influence de la part des copines, des sœurs, des voisines ? Une méconnaissance du sujet ? En tant que sage-femme, je profite du post-partum pour mettre les pieds dans le plat et encourager les femmes à se renseigner sur les différents moyens de contraception à leur disposition, mais surtout, à questionner leur rapport à la contraception, la façon dont elles la vivent depuis des années… Ma reco : on s'interroge d'abord seule. Que veut-on ? Peut-on éviter une contraception hormonale (gober des hormones, ce n'est jamais anodin sur le long terme, et on ne sait pas encore tout) ? Est-ce que l'on préfère assumer en couple, via des méthodes naturelles (à bien maîtriser) ou avec préservatifs ? Est-ce que notre partenaire, sinon, peut envisager une vasectomie (si on ne veut pas d'autres enfants) ? Ensuite, on discute à deux.

Ne trouvez pas ça barbant ! Le post-partum est l'occasion de faire le point sur sa contraception. Quelle était la vôtre, avant ? Vous convenait-elle ? Voulez-vous un autre enfant ? Cette affaire de contraception induit beaucoup de questions intéressantes, dont celle (aussi) de la charge contraceptive. Aujourd'hui, les femmes sont encore, pour la plupart, responsables de la contraception dans le couple, ce qui entraîne une véritable charge mentale. Si vous en avez ras-le-bol, il existe des solutions (on en parle dans un instant !).

On choisit quoi ?

Page suivante, vous trouverez un tableau récapitulatif des moyens de contraception à votre disposition. Certains sont évidemment compatibles avec l'allaitement, comme le préservatif, ou certaines pilules (tout dépend des hormones qu'elles contiennent).

L'autre visage du DIU

C'est bon à savoir : le DIU (stérilet au cuivre) peut servir de contraception d'urgence. Oui, il n'y a pas que la pilule du lendemain.

MOYENS DE CONTRACEPTION	MODES D'ALLAITEMENT		MOMENT	
	Lait maternel	Lait artificiel	Après 3 semaines	Après 6 semaines
Préservatif masculin	Oui	Oui	Oui	Oui
Préservatif féminin	Oui	Oui	Oui	Oui
Le stérilet au cuivre	Oui	Oui	Non	Oui
Le stérilet hormonal	Oui	Oui	À éviter	Oui
Patch transdermique	Non	Oui	À éviter	Oui
Anneau vaginal	Non	Oui	À éviter	Oui
Pilule œstro-progestative	Non	Oui	À éviter	Oui
Pilule progestative	Oui	Oui	Oui	Oui
Implant	Oui	Oui	Oui	Oui
Diaphragme et cape	Oui	Oui	Non	Oui
Spermicides	Oui	Oui	Non	Oui
MAMA	Oui	Non	Oui	Oui
Méthodes naturelles sauf MAMA	Oui	Oui	Oui	Oui

LA CONTRACEPTION MASCULINE

Vous n'avez peut-être pas envie de reprendre une contraception (comme je vous comprends). Bonne nouvelle : les hommes peuvent tout à fait « s'y coller ».

Le préservatif masculin

Efficacité théorique : 98 %.
Efficacité pratique : 85 %.

- ***C'est quoi ?*** Une gaine en latex ou en polyuréthane qui retient le sperme. Bien sûr, on le change à chaque rapport et on le met avant la pénétration (et non pas à dix secondes du feu d'artifice !).

- ***Les avantages ?*** On en trouve partout, sans ordonnance (mais si on obtient une prescription, on peut se faire rembourser), et c'est la seule protection contre les IST (avec son homologue féminin). Autre point fort : c'est sans hormones.

Le retrait

Efficacité théorique : 96 %.
Efficacité pratique : 78 %.

- ***C'est quoi ?*** L'homme se retire de sa partenaire juste avant l'éjaculation. Voilà qui implique une parfaite maîtrise de son corps et une fine écoute de son plaisir.

- ***Les avantages ?*** Sa grande praticité, pardi ! Cependant, je vous le concède : les femmes sont parfois très attentives et soucieuses. Il sort ? Il ne sort pas ? Pas toujours reposant…

Si ce n'est pas fiable à 100 %, c'est parce que l'opérateur aux commandes peut se planter ou que des spermatozoïdes traînent dans le liquide pré-séminal. En bref, ça reste un moyen de contraception, mais assez light : il est super quand on n'est pas TOUT À FAIT opposés à la venue d'un enfant.

La stérilisation masculine

Efficacité théorique : 99,9 %.
Efficacité pratique : 99,8 %.

- ***C'est quoi ?*** Une méthode de contraception considérée comme définitive. Lors d'une intervention chirurgicale, on ligature les deux canaux déférents (qui transportent les spermatozoïdes vers l'extérieur). Résultat : pas de spermatozoïdes dans le sperme, qui est produit plus haut – cela n'empêche donc en rien une éjaculation tout à fait normale.

- ***Les avantages ?*** La grande tranquillité d'esprit. Mais avant ça, on passe par un délai de quatre mois de réflexion et la signature d'un consentement écrit.

Je pourrais vous parler du slip chauffant ou de l'anneau ring, mais ces méthodes ne sont pas reconnues par les autorités de santé. On a encore du chemin à faire…

VOTRE SANTÉ MENTALE

Comment allez-vous ?

Chaque fois que je vois une patiente en post-partum, la première chose que je lui demande est simple comme bonjour : comment allez-vous ? Je vous pose la question aujourd'hui, et vous invite à vous interroger chaque matin quant à votre état. C'est une façon de faire attention à vous-même et de vous situer. Pourquoi est-ce important ? Je ne veux pas parler de choses qui fâchent, mais en post-partum, nous pouvons connaître de grands moments de joie comme de gros coups de blues. Ces coups de blues méritent d'être regardés en face, partagés avec un proche ou à des professionnels de la santé. En cause : la fameuse dépression du post-partum, qui touche entre 10 et 30 % des femmes selon les études. Plus tôt on la détecte, plus tôt on la traite ! Bien entendu, parfois, on va très bien (et heureusement). Et là aussi, il est essentiel de se le dire et de s'en réjouir !

Pas besoin de passer sous un train pour aller mal ! Toutes nos émotions sont légitimes. Vous avez le droit d'avoir un coup de mou et le droit de vous en préoccuper. Vous avez le droit de pleurer parce que vous avez une petite contrariété. Accordez du crédit à ce que vous ressentez et (pardon, j'insiste) parlez-en !

ALORS, COMMENT ALLEZ-VOUS ? QUELLES SONT VOS ÉMOTIONS, AUJOURD'HUI ?

D'après les travaux du psychologue américain Paul Ekman, il existe six émotions primaires : la joie, la colère, la peur, la tristesse, la surprise et le dégoût, desquelles découlent des émotions dites « secondaires ». Je vous en propose une liste non exhaustive, mais représentative du post-partum. Avec lesquelles flirtez-vous depuis votre accouchement ? Ne vous jugez pas, ne cherchez pas à comprendre, ne vous analysez pas outre mesure au risque de vous prendre le chou ! L'important : savoir ce que vous ressentez et l'accepter, et décider d'en parler à un pro si vous sentez qu'une émotion négative vous submerge.

- ☐ Joie
- ☐ Colère
- ☐ Peur
- ☐ Tristesse
- ☐ Surprise
- ☐ Dégoût
- ☐ Culpabilité
- ☐ Embarras
- ☐ Enthousiasme
- ☐ Fierté
- ☐ Plaisir
- ☐ Honte
- ☐ Inquiétude
- ☐ Déprime

TOUT CE QU'IL Y A DE GÉNIAL DANS LE FAIT D'AVOIR UN ENFANT

Et si on se focalisait sur les principales sources de réjouissance du post-partum, pour se faire du bien, se réconforter, s'amuser ?

- On trouve que Noël, tout de suite, c'est moins chiant : ça devient même magique !
- On a la joie de contempler l'irruption d'une nouvelle personne qu'on a créée, c'est enivrant !
- On redécouvre des légumes anciens et très bons grâce à la diversification alimentaire (si, le panais, c'est cool).
- On redécouvre le monde une nouvelle fois, à travers les premières fois de son enfant. La première fois qu'il voit la pluie, qu'il touche de l'herbe, qu'il se tient debout, qu'il goûte une fraise... inoubliable !
- On a des chouquettes gratos à la boulangerie.
- On rit plusieurs fois par jour (même si on pleure parfois).
- On vit avec une nouvelle personne à la maison, même si c'est crevant, la maison est pleine de vie. Le vide ? On ne connaît plus.
- On a le droit à une carte de réduction à la SNCF.
- On se décentre de soi. Même si c'est inconfortable, cela permet de relativiser beaucoup de petits soucis (mais bien sûr : on ne s'oublie pas, hein, on veille à sa santé, son corps, son état émotionnel).
- On pleure de joie (même si on pleure aussi souvent de découragement).
- On se sent fière d'être devenus une famille.
- On apprend tous les jours quelque chose de nouveau et on se découvre des qualités (et des défauts) qu'on n'imaginait même pas.
- On comprend NETTEMENT mieux nos parents... On prend conscience de tout ce qu'ils ont fait pour nous et on réalise enfin pourquoi ils nous demandent d'envoyer un SMS pour dire qu'on est « bien arrivés » après un trajet en voiture.
- On a pu donner le prénom, ou les prénoms, qu'on adore.
- On se sent importante pour quelqu'un. Incroyable.
- On a une bonne excuse pour ne pas sortir : « Désolée, j'ai un enfant. »
- On ne culpabilise plus de faire la sieste ou de lézarder le week-end, parce que ça devient vital.
- Et mille autres choses encore.

Le baby blues, on l'apprivoise !

Le baby blues, c'est quoi ? C'est grave ? Faut-il s'inquiéter ? Beaucoup de femmes l'appréhendent et imaginent même qu'il est synonyme de déprime ou de dépression. Pas du tout. Rassurez-vous : le baby blues est normal et même souhaitable ! On estime que 80 % des femmes le connaissent.

UNE DÉFINITION

J'ai coutume de définir le baby blues comme un état de profonde déstabilisation psychique et de labilité émotionnelle, associé à des sentiments d'angoisse, d'incapacité à faire face et d'incompétence. En somme, vous pensez que vous n'allez jamais vous en sortir et vous vous sentez abattue. Le plus étonnant : cinq minutes plus tard, vous êtes convaincue que vous allez conquérir le monde. Bon, eh bien, tout ça est super. Vous venez d'accoucher, rien de grave. Entre les hormones qui dansent, les repères qui se perdent, la météo qui ne vous aide peut-être pas… Que je vous fasse une confidence : le plus inquiétant, c'est bien une femme qui pète le feu après l'accouchement, croque dans un Kinder en faisant des notes vocales euphoriques à ses potes, puis demande le code wifi pour bosser…

C'EST QUAND, LE BABY BLUES ?

Généralement, il survient entre le troisième et le cinquième jour après l'accouchement et disparaît de lui-même en une dizaine de jours (max du max en trois semaines). Attention, si cet état se prolonge, il n'est pas impossible qu'il glisse vers une dépression du post-partum. Il faut en toucher un mot à son médecin ou à sa sage-femme.

Mon baby blues ? Les émotions les plus exacerbées et les plus antinomiques se succédaient à la vitesse de l'éclair. Je n'ai jamais autant pleuré de ma vie, c'étaient les chutes du Niagara ! Pleurer de joie, pleurer d'émotion face à la beauté de mes fils, pleurer de fierté de l'avoir fait, pleurer de peur, pleurer de fatigue, pleurer de tristesse, pleurer de trop pleurer… C'était fou ! D'ailleurs, sur les photos, ça se voit, j'ai les yeux gonflés !

L'INSTINCT MATERNEL ? OUBLIEZ !

C'est de la foutaise ! Certes, le cerveau se réorganise pendant la grossesse et à la naissance de l'enfant (voir page 30), et la mère — comme le père — développe une certaine attention à l'égard de l'enfant. Si on reconnaît les pleurs de notre bébé entre mille, c'est grâce au lien particulier qui se tisse. Mais de là à aller imaginer que l'on se sent mère, que l'on sait changer une première couche les yeux fermés sans aucun tuto, que l'on n'a jamais besoin de réfléchir à nos gestes… C'est absurde. Osons la comparaison. La rencontre avec votre enfant, comme la rencontre amoureuse, est une rencontre, ni plus ni moins. Certaines sont immédiates et d'autres sont retardées, certaines sont évidentes et d'autres sont plus timides, certaines sont exaltées et d'autres plus discrètes. Donc ? Prenez le temps, découvrez, apprenez…

ET L'AMOUR… UNE ÉVIDENCE ? STOP À LA PRESSION !

La plupart du temps, la rencontre avec son enfant est une merveille. Il s'agit certainement de la seule personne sur cette terre que vous allez rencontrer et pour laquelle vous avez la certitude que la relation d'amour perdurera jusqu'à ce que la mort vous sépare. Quel amour ? Trop puissant pour être décrit ! Mais laissez-vous du temps car moult raisons peuvent retarder l'apparition de sentiments : un accouchement ou une grossesse difficiles, de la fatigue, des difficultés relationnelles avec le coparent, de la réserve… Et puis, rassurez-vous, ce n'est pas la rencontre qui fait la qualité du lien ultérieur, vous avez toute la vie pour l'aimer.

Des doutes persistants ?

Si vous sentez que le lien peine à se tisser, que la relation n'évolue pas comme vous l'aimeriez, alors n'hésitez pas à consulter.

Une des choses que je préfère dans ma profession, c'est d'observer les parents ou les grands-parents lorsqu'ils rencontrent le tout-petit pour la première fois. Ce qui me frappe, c'est leur timidité face aux nouveau-nés : je les vois si petits et si impressionnés ! Il n'existe rien de plus attendrissant.

L'irruption de deux sentiments inavouables (et pourtant souvent réels)

Je vous préviens tout de suite, je n'ai trouvé aucune solution pérenne et efficace contre ces sentiments ! Je crois qu'il faut se contenter de vivre avec et d'oser les exprimer… et consulter si c'est envahissant.

La culpabilité

Coupable de ne pas faire assez bien, coupable d'être avec son petit alors qu'on devrait travailler, coupable de travailler alors qu'on devrait être avec son petit, coupable de ne pas être suffisamment patiente, joyeuse et enjouée, coupable de ne pas faire de purées bio ou d'acheter les jouets les plus à la mode… coupable de tout ! Éreintant.

Les regrets

Toujours hyper tabou malgré les apparences (voir page 139) ! Et pourtant ! Quoi de plus normal que de regretter les week-ends à se reposer, les vacances délassantes, la possibilité de sortir de chez soi sans réfléchir ? Si c'est votre cas, je vous félicite ! Regretter sa vie d'avant est SAIN. C'est la preuve que l'on a aimé, vécu, et joui de notre liberté. C'est beau ! À l'inverse, ne pas la regretter du tout me paraît LOUCHE. Si on ne regrette pas sa vie d'avant, c'est qu'on ne l'aimait pas tant que ça (mais bon, tant mieux si on l'aime maintenant).

La dépression du post-partum

La dépression du post-partum est un fléau et un enjeu majeur de santé publique. Sa cousine, la dépression prénatale, qui touche 10 % des femmes enceintes, en est un aussi, mais ce n'est pas le sujet du jour.

QUELS SONT LES SYMPTÔMES ?

Ils sont divers. La dépression associe un sentiment de tristesse intense, prolongé et inexpliqué, des troubles du sommeil ou de l'alimentation, une dépréciation de ce que l'on est et de ses capacités à être une bonne mère, une potentielle perte d'intérêt pour son enfant, un sentiment de culpabilité…
Attention, des idées suicidaires peuvent être présentes. Une prise en charge médicale urgente s'impose. Vous pouvez contacter par téléphone le SAMU, ainsi que le 31 14, le numéro national de prévention du suicide disponible 24 heures sur 24 et 7 jours sur 7, ou vous rendre directement dans un service d'urgences (psychiatriques, générales ou maternité).

Il existe un super test pour faire le point sur son état… Il vous attend page 28 !

EXISTE-T-IL DES FACTEURS DE RISQUES ?

Les facteurs de risques peuvent être psychiatriques, socio-économiques ou obstétricaux. En voici quelques-uns : antécédents personnels de dépression du post-partum, troubles de l'humeur, antécédents psychiatriques personnels ou familiaux, dépression ou anxiété pendant la grossesse, état de stress post-traumatique lié à l'accouchement (voir page 9), deuil périnatal, conflits conjugaux, isolement social, précarité, primiparité, grossesse pathologique, grossesse non désirée…

Les coups de déprime

Il existe un juste milieu entre « péter le feu » et faire une dépression. Parfois, on est juste… un peu mal. Une sorte d'état d'humeur maussade qui va et qui vient. Il ne s'agit pas toujours d'une dépression mais je vous recommande d'en discuter avec un professionnel, évidemment, afin de trouver des solutions pour remonter la pente.

EST-CE POSSIBLE DE L'ÉVITER ?

Oui et non.

- Oui, parce qu'une femme bien accompagnée, de l'accouchement jusqu'à la fin du post-partum, apprend à surmonter les obstacles qui se présentent à elle. Aussi parce qu'une femme écoutée, sensibilisée au sujet et capable de parler de ses émotions négatives (et encouragée à le faire) sera plus vite soutenue.
- Mais non, parce qu'il existe des terrains favorables (les fameux facteurs de risques) et que (attention, j'arrive) les femmes ne sont pas assez soutenues justement ! Le post-partum est parfois rude et notre pays ne se démène pas assez pour aider les parents (congé maternité trop court, conditions d'accouchement pas toujours heureuses…).

CELA SE TRAITE ?

Oui, et heureusement ! Le traitement dépend bien sûr de la gravité des symptômes, cela peut être une psychothérapie, un traitement médicamenteux, un arrêt de travail, un réaménagement de vos conditions d'existence, une hospitalisation…

CONSEILS POUR NE PAS FLANCHER

En attendant que les lignes bougent, on se débrouille ! Voici quelques mesures pour éviter la dépression ou « stabiliser » un état de déprime avant qu'il ne dégénère :

- S'entourer de pros de santé bienveillants pour le suivi de son post-partum.
- S'informer en amont sur le post-partum.
- Prendre soin de son sommeil. Il est très important que vous dormiez (des solutions page 31).
- Ne pas rester isolée. Il faut voir des adultes dans la journée : il y a la PMI, les cafés de parents, les structures municipales, les cafés-poussettes, les amis, la famille...
- Veiller à son alimentation. Ça ne paraît rien, mais bien manger aide tout de même la tête à bien fonctionner... (voir page 210).
- Pratiquer une activité physique régulière, dans la mesure du possible, selon vos envies, vos moyens, votre état (voir page 212).
- Reprendre le travail en douceur et en conscience (voir page 218). Il faut absolument consulter et demander un arrêt de travail si vous sentez que le rythme est trop intense...

Le tabou dans le tabou : le suicide maternel

Vous l'avez compris, avec moi... pas de tabou ! Le suicide est la première cause de mortalité maternelle dans la première année qui suit l'accouchement. Alors, c'est simple, si à la dernière question du test EPDS (page suivante), vous répondez que vous avez envie de vous faire du mal, ou alors que vous avez des envies suicidaires, un seul réflexe à avoir : se rendre sans délai aux urgences psychiatriques, maternité ou générales.

LE GRAND TEST DE LA DÉPRESSION DU POST-PARTUM

Je me bats depuis des années pour que la santé mentale des femmes en post-partum soit un sujet. Après l'accouchement, on veille sur leur corps, leurs cicatrices, leurs potentielles douleurs. Mais leur tête ? La plupart des dépressions du post-partum ne sont pas diagnostiquées. La bonne nouvelle, c'est qu'il existe maintenant l'entretien postnatal précoce (voir page 10), à réaliser auprès d'un médecin ou d'une sage-femme, à qui vous pouvez tout dire ! Le moindre symptôme dépressif, même léger, sera pris au sérieux. En attendant, autre bonne nouvelle, vous pouvez recourir à l'échelle de dépression post-partum d'Édimbourg (aussi dit test EPDS pour Edinburgh Postpartum Depression Scale), établie par John L. Cox en 1987 et traduite en français par Nicole Guedeney. Il s'agit d'un outil très sérieux qui permet de s'auto-évaluer. Une chance qu'il existe. Il ne remplace pas un diagnostic mais permet d'identifier des symptômes dépressifs.

Comment ça marche ?

- Vous pouvez effectuer ce test à partir du début de la troisième semaine qui suit l'accouchement.
- Faites-le ensuite une fois par mois. Même si les questions telles qu'elles ont été pensées à l'origine s'intéressent à votre état de la semaine, je vous recommande de vous baser sur le mois qui vient de s'écouler.

S'il est essentiel de se tester régulièrement, c'est parce qu'en post-partum, nous évoluons. En sus, la dépression du post-partum peut apparaître durant les douze mois qui suivent l'accouchement, avec un pic constaté au quatrième mois.

QUESTIONS **Pendant [le mois] qui vient de s'écouler…**	**MOIS 1** date : / /	**MOIS 2** date : / /	**MOIS 3** date : / /	**MOIS 4** date : / /	**MOIS 5** date : / /	**MOIS 6** date : / /
1. J'ai pu rire et prendre les choses du bon côté : • Aussi souvent que d'habitude (0) • Pas tout à fait autant (1) • Vraiment beaucoup moins souvent ces jours-ci (2) • Absolument pas (3)						
2. Je me suis sentie confiante et joyeuse en pensant à l'avenir : • Autant que d'habitude (0) • Plutôt moins que d'habitude (1) • Vraiment moins que d'habitude (2) • Pratiquement pas (3)						
3. Je me suis reprochée, sans raison, d'être responsable quand les choses allaient mal : • Non, pas du tout (0) • Presque jamais (1) • Oui, parfois (2) • Oui, très souvent (3)						
4. Je me suis sentie inquiète ou soucieuse sans motif : • Non, pas du tout (0) • Presque jamais (1) • Oui, parfois (2) • Oui, très souvent (3)						
5. Je me suis sentie effrayée ou paniquée sans vraiment de raison : • Oui, vraiment souvent (3) • Oui, parfois (2) • Non, pas très souvent (1) • Non, pas du tout (0)						

6. J'ai eu tendance à me sentir dépassée par les évènements : • Oui, la plupart du temps, je me suis sentie incapable de faire face aux situations (3) • Oui, parfois, je ne me suis pas sentie aussi capable de faire face que d'habitude (2) • Non, j'ai pu faire face à la plupart des situations (1) • Non, je me suis sentie aussi efficace que d'habitude (0)						
7. Je me suis sentie si malheureuse que j'ai eu des problèmes de sommeil : • Oui, la plupart du temps (3) • Oui, parfois (2) • Pas très souvent (1) • Non, pas du tout (0)						
8. Je me suis sentie triste ou peu heureuse : • Oui, la plupart du temps (3) • Oui, très souvent (2) • Pas très souvent (1) • Non, pas du tout (0)						
9. Je me suis sentie si malheureuse que j'en ai pleuré : • Oui, la plupart du temps (3) • Oui, très souvent (2) • Seulement de temps en temps (1) • Non, jamais (0)						
10. Il m'est arrivé de penser à me faire mal : • Oui, très souvent (3) • Parfois (2) • Presque jamais (1) • Jamais (0)						
TOTAUX :	J'ai obtenu ...	J'ai obtenu ...	J'ai obtenu ...	J'ai obtenu ...	J'ai obtenu ...	J'ai obtenu ...

Si vous avez un score au-dessus de 10, il est impératif de consulter !

Mais qu'est-ce que j'ai ?

Vous ne déprimez pas vraiment, vous êtes fatiguée, mais sans plus… et pourtant, vous sentez bien que quelque chose cloche. Je vous expose ici trois troubles du post-partum qui vous parleront peut-être. Rien de plus rassurant que de savoir qu'ils existent et de mettre des mots dessus.

LES PHOBIES D'IMPULSION

Si je vous dis : s'imaginer donner un coup de volant et finir dans le ravin ? Voilà une phobie d'impulsion répandue, du moins qui parle à beaucoup… En post-partum, on peut être sujettes à ce genre de scénario mental pas très heureux, avec, pour personnage principal, son bébé. On se voit le jeter par la fenêtre, lui hurler dessus… On a peur ! Peur de soi, peur de passer à l'acte.
Par définition, dans la phobie d'impulsion, il n'y a pas passage à l'acte. On l'associe à un trouble anxieux, pas psychotique. Elle serait liée à la fatigue. Vous pouvez en parler à un pro pour vous rassurer. Attention, si cela survient plusieurs fois par jour ou que cela affecte votre vie quotidienne, consultez sans attendre.

L'HYPERVIGILANCE MATERNELLE

C'est le fait de ne pas réussir à dormir (alors qu'on en rêve), d'être au garde-à-vous non-stop, de vérifier que son bébé respire bien… Et c'est normal ! Ne vous inquiétez pas ! D'autant que l'hypervigilance est utile : vous veillez ! Toutefois, cet état d'alarme ne doit pas durer plus de quelques jours, qu'il survienne juste après la naissance ou plus tard en post-partum (ça arrive !).
L'hypervigilance épuise car un cercle vicieux peut se mettre en place : je suis hypervigilante, donc je dors moins, moins je dors et plus je suis anxieuse, plus je suis anxieuse plus je suis hypervigilante… Il faut casser ce cercle infernal, surtout si ça s'installe… Une solution : faites « garder » votre enfant par le coparent (ou une personne de confiance) durant des plages de deux heures. Pendant ce temps, ne cherchez pas forcément à dormir, mais occupez-vous à des choses qui vous font plaisir (bain, lecture…). Normalement, le sommeil revient ensuite, car en vous accordant des moments seule, vous calmez votre vigilance et vous gagnez du repos… Si ce n'est pas le cas, consultez.

LE *MOMMY BRAIN*

Certaines mères témoignent de trous de mémoire. Elles cherchent leurs mots, ne savent plus ce qu'elles étaient en train de faire à l'instant… Rien de grave : le cerveau fonctionne toujours très bien ! Simplement, il se remodèle durant la gestation et en post-partum dans le seul objectif d'assurer la survie de l'enfant. Disons que notre attention se dirige vers l'enfant, les soins à lui octroyer, etc. Voilà pourquoi la date d'anniversaire de la voisine passe complètement à l'as…

Connaissez-vous le plus extraordinaire de l'affaire ? Les neurosciences me donnent raison ! Ces remaniements psychiques dans le cerveau des mères dureraient trois ans et viennent confirmer mon intuition clinique ! Incroyable ! Pas peu fière, la mère Roy !

VOTRE SOMMEIL

J'observe deux catégories de parents : ceux qui supportent bien le manque de sommeil et la fatigue qui en découle, et ceux qui sont clairement à bout. Soyons honnêtes : la seconde catégorie recense plus de membres. J'en faisais partie et j'ai cru mourir. Trop de nuits hachées, trop de réveils difficiles les yeux collés, trop de barres au front d'avoir si peu ronflé… Que faire pour dormir et se sentir mieux ?

Le sommeil de votre enfant est ce qu'il est !

Un mauvais sommeil en post-partum s'explique aisément : on est réveillée par notre bébé plusieurs fois par nuit (ou la pluie battante, mais c'est moins fréquent). Et que je vous le dise, sans vouloir démoraliser personne : on ne peut pas changer le sommeil d'un bébé. Un bébé qui ne fait pas ses nuits est un bébé qui ne fait pas ses nuits, c'est tout ! Impossible de le conjurer de dormir huit heures d'affilée. C'est comme ça pendant les premiers temps… Donc, vous n'avez aucun pouvoir sur le sommeil de votre enfant, mais vous pouvez agir sur le vôtre (c'est déjà ça !). Voyons comment.

J'aime rappeler aux parents que leurs soucis de sommeil ne sont pas toujours liés à l'enfant. Vous ne dormez pas alors même que votre enfant dort ? Vous ne reprenez pas le fil de vos rêves après l'avoir cajolé ? Vous souffrez peut-être d'un trouble anxieux ou dépressif, du syndrome des jambes sans repos, d'apnée du sommeil ou que sais-je ? Parlez-en !

Des solutions pour soigner votre sommeil

- Faites des rondes avec le coparent : cette nuit, tu t'occupes de l'enfant, et demain c'est moi. Vous pouvez aussi partager les heures d'une même nuit : je fais le premier réveil, tu fais le second…
- Faites chambre à part. C'est moderne, sexy et aidant : quand vous n'êtes pas de garde, vous dormez vraiment ! Et munissez-vous de boules Quiès qui fonctionnent.
- Ne faites pas des siestes à rallonge, c'est contre-productif : si vous dormez en journée, vous ne disposez plus d'un niveau de fatigue suffisant pour vous endormir facilement le soir.
- Ne passez pas du temps dans votre lit à lire, manger ou mater Netflix : plus votre cerveau associera le lit au sommeil (exclusivement), mieux vous vous endormirez ou vous rendormirez (après la tétée, le câlin…).
- Couchez-vous tôt dès que c'est possible, et dînez léger. Conseil vu et revu, vous dites ? Peut-être, mais n'empêche que la potée, ça perturbe drôlement les nuits.
- Ayez suffisamment d'activité physique dans la journée pour produire « une bonne fatigue », de celle qui est à tomber de sommeil !

Si votre bébé a un sommeil vraiment très perturbé, n'hésitez pas à consulter un spécialiste. Peut-être qu'il souffre d'une pathologie à traiter !

L'ALLAITEMENT (OU PAS)

Des réponses aux questions que vous me posez le plus souvent.

C'EST GRAVE SI JE N'ALLAITE PAS MON BÉBÉ AU SEIN ?

Si c'est un choix que vous ne subissez pas et que vous avez fait en conscience, alors c'est parfaitement OK ! Et ôtez-moi ce mot « grave » de votre bouche !

C'EST VRAIMENT MIEUX POUR LA SANTÉ DE MON BÉBÉ ?

Incontestablement oui, selon une logique assez implacable : le lait de chèvre est fait pour les chevreaux, le lait de vache pour les veaux, le lait de femme pour les bébés… La liste de tous les bienfaits pour la mère comme pour l'enfant est très longue ! Mais pas de panique non plus. Les laits infantiles, s'ils ne sont pas parfaits, ne sont pas si mal que ça. Et puis, les soins donnés, l'amour, l'environnement… Tout ça participe également à votre bien-être et celui de votre enfant.

C'EST FACILE ?

L'histoire est différente pour chacune. Je ne peux donc pas me prononcer. Au moindre problème, ayez simplement le réflexe de vous faire aider par une sage-femme, une consultante IBCLC[1], une puéricultrice, une association… Il est normal de tâtonner ou de se poser des questions.

EST-CE QUE JE DOIS DONNER LE SEIN TOUTES LES TROIS HEURES ?

Non ! Chaque enfant a son rythme. Vous allez apprendre à le décoder. Ce que recommandent toutes les autorités de santé, c'est « l'allaitement à la demande ». Donc vous verrez selon les besoins de votre bébé.

EST-CE QUE JE PEUX PRENDRE DES MÉDICAMENTS ?

Comme pendant la grossesse, vous ne devez surtout pas faire d'automédication. Personne pour vous répondre ? Consultez le site internet du CRAT (Centre de référence sur les agents tératogènes) : il stipule la compatibilité des molécules avec l'allaitement et la grossesse. Vous croyez quoi ? Les sages-femmes et les médecins l'utilisent pour prescrire !

EST-CE QUE JE PEUX BOIRE DE L'ALCOOL ?

Dans la mesure où l'alcool passe dans le lait comme il passe dans le sang, on évite. Mais si vous ne pouvez vraiment pas faire autrement, livrez-vous à quelques calculs : si vous buvez un verre de vin, votre foie aura éliminé l'alcool au bout de deux heures environ. N'alimentez pas votre enfant avant ! Si vous comptez boire davantage (grosse fiesta), il vous faut tirer votre lait et faire des réserves. N'hésitez pas à vous renseigner auprès de votre sage-femme ou auprès de votre consultante en lactation pour ne pas vous emmêler les pinceaux et respecter le rythme de votre enfant.

1 *International Board Certified Lactation Consultant*. Un consultant IBCLC détient une certification IBCLC à revalider tous les cinq ans qui garantit un niveau de connaissances spécialisées en lactation et en allaitement.

EST-CE QUE JE PEUX FUMER ?

Oui… Je ne dis pas ça pour vous encourager à le faire. Mais vous pouvez. Fumez après les tétées (et pas juste avant) et le moins possible, évidemment.

EST-CE QUE JE PEUX FAIRE DU SPORT COMME D'HABITUDE ?

Oui ! Sauf si l'allaitement perturbe votre pratique sportive (montées de lait, poids des seins, tiraillement, baisse de production du lait à cause des efforts intensifs…), auquel cas tournez-vous vers un pro.

COMMENT FAIRE AVEC LA REPRISE DU TRAVAIL ?

Vous pouvez commencer le sevrage ou bien fonctionner au tire-lait pour poursuivre l'allaitement (voir page ci-contre). Sollicitez l'accompagnement d'un professionnel. Vous obtiendrez de précieux conseils pour vous organiser, respecter votre corps et les besoins de votre enfant.

SI JE SUIS MALADE, EST-CE QUE JE STOPPE L'ALLAITEMENT ?

Les rhumes, la grippe ou les gastro-entérites n'empêchent absolument pas la poursuite de l'allaitement. Mieux, vous transmettez à votre enfant des anticorps ! Bien sûr, si vous avez une maladie plus compliquée et agressive, des médicaments à prendre, des examens à faire, il faut voir avec votre médecin.

JE DOIS PARTIR EN DÉPLACEMENT ET JE NE POURRAI PAS ALLAITER… QUE FAIRE ?

Partir ! Prévoyez des réserves de lait maternel grâce au tire-lait (et une boîte de lait artificiel si vous avez particulièrement peur qu'il n'y en ait pas assez), et continuez de votre côté à entretenir la lactation (pour que la production ne diminue pas) en tirant votre lait aux heures habituelles. Oui, vous transportez avec vous un tire-lait (aujourd'hui, ils sont pratiques et légers).

Je rappelle que la location d'un tire-lait est prise en charge par la Sécurité sociale !

NOS AMIS LES BÉBÉS

Des réponses aux questions que les jeunes parents se posent (et me posent) le plus souvent !

EST-CE QUE NE PAS LUI TENIR LA TÊTE RISQUE DE FAIRE LE COUP DU LAPIN COMME ON L'ENTEND SOUVENT ?

C'est une légende… et heureusement ! Le nouveau-né a une très grosse tête par rapport au reste de son corps, et puisque son tonus axial n'est pas encore complètement en place, on l'aide, tout simplement. Ce sera toujours une fatigue en moins pour lui

ON LUI CHANGE LA COUCHE TOUTES LES TROIS HEURES ?

Ouh là, non ! Faites au besoin ! Toutes les six heures, quatre heures, peu importe… Simplement, pour le confort de votre bébé et prévenir les érythèmes fessiers (une rougeur de la peau), n'attendez pas que la couche soit archipleine. En tout cas, la nuit, une recommandation : on y va piano ! Pas de changement de couche entre 23 heures et 6 heures, sauf débordement évidemment ! Cela permettra à votre bébé d'appréhender l'alternance jour / nuit. Bien sûr, si vous vous apercevez que cela génère un érythème fessier, augmentez la fréquence.

SON CORDON SAIGNOTE, EST-CE QUE C'EST NORMAL ?

Lorsqu'il s'assèche et s'apprête à tomber, souvent dans les quinze premiers jours, le cordon peut saignoter un peu… Normal ! Attention toutefois, une perte de sang abondante ou une odeur nauséabonde doivent pousser à consulter. Idem s'il n'est toujours pas tombé après trois semaines.

FAUT-IL LUI DONNER LE BAIN TOUS LES JOURS ?

On conseille un bain tous les 3 à 4 jours. Pour que ça reste un moment de plaisir partagé avec votre bébé (c'est tout de même une charge et du temps !), il ne faut pas que cela se répète trop souvent. Néanmoins, s'il adore ça (et vous aussi), vous pouvez le baigner tous les jours, mais utilisez du savon un jour sur trois seulement. Trop de savon sur une peau pas sale, ça risque d'être plus irritant qu'autre chose !

JE PEUX FAIRE DORMIR MON BÉBÉ AUTREMENT QUE SUR LE DOS ?

À partir du moment où votre bébé n'est pas sous votre surveillance, il n'en est pas question. Vous savez, ce n'est pas une lubie de notre part, ou une mode… Il a été prouvé que le fait de tourner les bébés sur le dos a permis de diminuer l'incidence de la mort subite du nourrisson de 75 %[1].

EST-CE QU'UN NOURRISSON FAIT DÉJÀ DES CAPRICES ?

Oh que non ! Tout le monde est d'accord sur la question. Si votre tout-petit pleure, c'est qu'il a besoin de quelque chose, tout bonnement ! Ce quelque chose réclamé est généralement un câlin. C'est normal, il vient à peine de quitter votre ventre. Du maternage, du maternage, et encore du maternage. L'éducation, ça viendra plus tard. Vous avez toute la vie pour ça !

1 Santé publique France, dossier « Mort inattendue du nourrisson », mis à jour le 19 août 2022, www.santepubliquefrance.fr/maladies-et-traumatismes/maladies-de-la-mere-et-de-l-enfant/mort-inattendue-du-nourrisson/le-syndrome/

EST-CE GRAVE DE LE LAISSER PLEURER 5 OU 10 MINUTES ?

Non, mais on prend le temps de lui expliquer qu'on est juste à côté et qu'on finit quelque chose. Combien de fois ai-je laissé pleurer mon aîné pour me laver les cheveux (je n'allais quand même pas sortir les cheveux pleins de gras) ? Toutefois, on ne le laisse pas pleurer plus de 10 minutes sans explication. Pourquoi ? Parce que le pleur est la seule expression du bébé. Il ne peut pas raconter qu'il a faim ou qu'il est fatigué. Donc, quand il nous appelle, il est important de lui répondre. Vraiment. On ne le ghoste pas.

COMMENT ÉVEILLER MON BÉBÉ ?

Diantre, pas de stimulation précise à mettre en place ! Pour un nouveau-né, il n'y a rien de plus passionnant que de regarder un visage, d'observer son environnement, de faire des câlins, de prendre un bain… Donc ? Lorsqu'il est en éveil calme, laissez-le réfléchir et rêvasser à sa guise ! Promis, il ne s'ennuie pas !

MON BÉBÉ A COMME DE PETITS GRAINS DANS SES SELLES, EST-CE NORMAL ?

Si les selles de votre bébé ressemblent à de la moutarde à l'ancienne… c'est normal ! D'autres questions ? Un site internet vous dit tout des selles : alertejaune.com.

Alerte bébé secoué

Si on a envie de secouer son bébé, que des pulsions montent parce qu'on n'en peut plus (ce n'est pas une condamnation : parfois, on est à bout), pas d'hésitation à avoir : on met son bébé en sécurité dans son lit, on ferme la porte, et on va appeler quelqu'un ou les pompiers s'il le faut. N'hésitez pas à vous renseigner auprès de l'association https://stopbebesecoue.fr Savoir ce qu'est le syndrome du bébé secoué contribue à la prévention. Il demeure rare… mais malheureusement encore trop fréquent. ***Les conséquences peuvent être dramatiques, allant jusqu'à la mort de l'enfant.***

Mon suivi
MOIS APRÈS MOIS

Mode d'emploi de remplissage des semaines...

C'est parti !

On a fait le tour... de votre corps et de votre tête, et bien entendu, vous pourrez revenir aux informations de la première partie quand vous le souhaiterez. Maintenant, je vous propose un suivi mois après mois. Nous allons aborder la première année du post-partum. Comment ça marche ?

✓ Chaque mois, je vous donne des informations importantes, des chiffres, des anecdotes, des mémos... De quoi savoir où vous allez !

✓ Je vous propose un agenda, du lundi au dimanche, à remplir. Vous pouvez noter vos rendez-vous médicaux, mais aussi les rendez-vous fun (un resto ?) et les rendez-vous avec vous-même (si vous comptez prendre un bain, écrivez-le, oui !).

✓ Je m'enquiers de votre moral ! Chaque semaine, vous disposez d'un espace généreux pour faire le point sur votre état, vos émotions, votre sommeil.

1 Mois

Mémo DE VOS RENDEZ-VOUS

✓ **Les visites de la sage-femme à domicile**

Elles démarrent ! Votre sage-femme vous examinera, vous et votre bébé.

✓ **Une visite chez le pédiatre**

Le suivi médical de prévention de votre enfant débute en général dans les quinze jours après l'accouchement. Prenez rendez-vous en amont auprès d'un pédiatre ou d'un médecin généraliste (en cabinet, en centre de santé ou en PMI).

✓ **Et la PMI, justement ?**

Pensez-y en particulier pour le suivi de votre enfant. Allez y faire un petit tour et vous verrez : suivi médical, allaitement, pesée, ateliers, diverses choses sont proposées.

Les fondamentaux du post-partum

Ce que vous devez garder en tête pour bien attaquer ce premier mois ? Tout ça !

- ***L'alimentation est la première des médecines***, disait Hippocrate. Mangez équilibré sans oublier de prendre du plaisir. Tous mes conseils page 210.
- ***Mettez votre corps en mouvement***, selon vos besoins et votre condition physique ! Certes, je suis la première à vous dire de rester tranquille, mais il y a une différence entre courir un marathon et aller marcher ! Écoutez-vous et voyez avec votre sage-femme ce qu'il est possible de faire (ou pas).
- ***Protégez votre sommeil*** et votre repos (voir page 31).
- ***Prenez soin de votre corps*** au possible, notamment en honorant tous les rendez-vous médicaux prévus, en prenant le temps de vous laver, de vous bichonner. Marre de voir des femmes qui estiment être la dernière roue du carrosse !
- ***Demandez-vous constamment*** : comment puis-je prendre du plaisir, aujourd'hui ? Et faites-le !…

Le post-partum est un voyage

Dites-vous que vous êtes en voyage, hors du temps et de l'espace. Je m'explique : si demain, je me barre en Thaïlande avec mon sac à dos, je me déleste des affaires du quotidien. J'ai conscience que le monde tourne toujours mais je suis hors jeu. Oui, en post-partum, vous êtes chez vous, et oui, la vie continue, mais faites comme si vous étiez… loin. Laissez pisser, installez-vous dans votre parenthèse, acceptez d'être déconnectée et en jet-lag. Si vous préférez une autre métaphore, j'en ai une : le post-partum, c'est un peu le 15 août ou la semaine entre Noël et le jour de l'an. Vous êtes dans votre monde et vous fouettez vos propres chats.

En plein baby blues ?

Le baby blues est (toujours) là ? Il peut durer jusqu'à dix jours… Même deux semaines, allez ! Et puis, globalement, vos émotions risquent d'être mouvantes ce mois-ci (mais de moins en moins…).
Toutefois, si ça ne va pas mieux au bout de 3 semaines, si vous ne sentez aucune amélioration, faites le point avec un pro. Le baby blues n'est pas censé s'installer. Peut-être qu'une déprime ou une dépression couve.

La mise en place de l'allaitement

Fluide, compliquée, voire franchement chaotique ? Les débuts ne sont pas toujours simples. Souvent, vous voulez jeter l'éponge ! Or, sachez qu'il faut 3 ou 4 semaines pour trouver un rythme de croisière. Ce n'est pas une façon de vous dire de continuer à tout prix, mais plutôt de persévérer si vous avez envie d'allaiter, afin de ne pas avoir de regrets.

Quand poser les 4 semaines de congé paternité ?

Vous avez jusqu'à 6 mois après la naissance pour cela ! Le meilleur moment ? Celui que vous sentez, mais il faut être clair dans le couple : si vous décalez le congé à plus tard, il faut s'organiser de façon que le second parent puisse débouler à tout moment si vous avez besoin de lui, au moins pendant le premier mois. Si jamais le coparent n'a pas de congé paternité, identifiez des personnes-ressources qui pourront vous porter assistance si nécessaire.

Semaine 1

Semaine du au

Lundi

Mardi

Mercredi

Jeudi

Vendredi

Samedi

Dimanche

Mes rendez-vous importants

Cette semaine, je me sens...

Le souvenir avec mon bébé que je veux garder

Mon sommeil se porte…

La nuit de java, ça vous dit quelque chose ? C'est la deuxième ou la troisième nuit, et c'est… décoiffant ! Votre enfant a récupéré de l'accouchement et est en attente de la montée de lait (si vous allaitez). Câlins et tétées à gogo alors que vous… vous êtes vraiment fatiguée.

Semaine 2

Semaine du au

Lundi

Mardi

Mercredi

Jeudi

Vendredi

Samedi

Dimanche

Mes rendez-vous importants

Cette semaine, je me sens...

Le souvenir avec mon bébé que je veux garder

Mon sommeil se porte...

Naître, ça veut dire passer du milieu aquatique au milieu aérien, se détacher de son cordon ombilical et donc de sa première source de nourriture, découvrir la lumière, le froid, la gravité, rencontrer des gens, la douleur, l'amour… Ça fait beaucoup ! Le rôle des parents ? Adoucir cette venue.

Semaine 3

Semaine du au

Lundi ☺ 😐 ☹

Mardi ☺ 😐 ☹

Mercredi ☺ 😐 ☹

Jeudi ☺ 😐 ☹

Vendredi ☺ 😐 ☹

Samedi ☺ 😐 ☹

Dimanche ☺ 😐 ☹

Mes rendez-vous importants

-
-
-
-

Cette semaine, je me sens...

Le souvenir avec mon bébé que je veux garder

Mon sommeil se porte…

Laissez-vous traverser par vos émotions. Elles sont toutes légitimes et toutes importantes. N'ayez pas peur d'ouvrir les vannes lacrymales ! Ça fait un bien fou de pleurer, nettement moins de contenir des larmes.

Semaine 4

Semaine du ______ au ______

Lundi ....

Mardi ....

Mercredi ....

Jeudi ....

Vendredi ....

Samedi ....

Dimanche ....

Mes rendez-vous importants

-
-
-
-

Cette semaine, je me sens...

Le souvenir avec mon bébé que je veux garder

Mon sommeil se porte...

Le peau à peau est bon pour la santé physique et mentale du bébé et des parents. Il est même considéré comme un soin en néonatalogie. Contrairement à ce que l'on croit, il n'est ni réservé aux enfants nés prématurément, ni aux premières heures de la naissance : on peut continuer des mois !

MES *infos* ET ASTUCES

Vous avez déjà entendu parler du mois d'or ?

Céline Chadelat et Marie Mahé-Poulin, auteures de *Le Mois d'or*[1] (éd. Presses du Châtelet), réactualisent cette notion avec panache et philosophie, et rappellent que « le principe est de venir entourer la femme qui vient d'accoucher, avec des savoir-faire particuliers, soutenir la famille, les délester de tout le quotidien pendant cette phase, afin que la femme puisse récupérer et tisser les liens avec son bébé ». Voyez ce premier mois comme un mois à part ! C'est un mois de possible repli, durant lequel votre priorité est d'être avec votre bébé, tandis que vous recevez un maximum d'aide pour ne pas avoir à vous préoccuper du superflu.

Qui sont les TISF ?

La profession de TISF (technicienne de l'intervention sociale et familiale) est encadrée par l'État. Les TISF interviennent à domicile et aident les familles au quotidien, à la naissance d'un enfant ou plus tard. Contrairement à ce que l'on imagine, leurs services s'adressent à tous ; pas besoin de traverser de grosses turbulences (être en post-partum peut suffire…), même si les personnes en difficulté sont généralement prioritaires. Le coût est estimé selon votre quotient familial.

1 Chadelat Céline et Mahé-Poulin Marie, *Le mois d'or*, Presses du Châtelet, 2021.

Un post-partum, ça se prépare !

Cerner cette période, entendre ses remous, mettre des mots sur certains états, comprendre ce qui se joue dans votre corps, votre tête, votre couple… Voilà qui n'empêche pas les galères, mais permet d'avancer en conscience. À la clé, moins de mauvaises surprises et une somme de bons réflexes. Après tout, quand vous partez en voyage, vous vous organisez et vous étudiez votre itinéraire ? Vous repérez les restos ? Faites de même avec le post-partum ! Ce carnet est votre guide touristique, il est là pour vous donner un maximum d'infos.

Consulter un ostéo, une bonne idée

Consulter un ostéo en post-partum n'est pas une mauvaise idée : les ostéopathes peuvent travailler sur votre bassin (et c'est notamment intéressant avant la rééducation du périnée dont on va parler le mois prochain) et sur les douleurs en haut du dos, qui sont parfois prégnantes chez les femmes allaitantes (postures recroquevillées, seins lourds…). Si vous trouvez un ostéo spécialisé en gynéco et santé de la femme (oui, ça existe), c'est encore mieux !

2 Mois

Mémo
DE VOS RENDEZ-VOUS

✓ La consultation postnatale

Ne l'oubliez pas, elle est obligatoire ! Elle est à programmer entre 6 et 8 semaines après l'accouchement avec une sage-femme (ou un obstétricien en cas de pathologie). Si jamais vous êtes en vacances, on n'est évidemment pas à une semaine près ! Son but ? Vérifier que votre corps s'est bien remis des émotions de la grossesse et de l'accouchement. N'oubliez pas de poser des questions sur votre accouchement s'il reste des zones d'ombre.

✓ L'entretien postnatal précoce

À ne pas louper et à fixer entre 4 et 8 semaines post-accouchement ! Promis ? C'est un moment d'échanges privilégié sur votre santé mentale avec une sage-femme (plus exceptionnellement avec un médecin) d'une durée de 45 minutes environ.

Rééducation périnée : c'est parti

Prête ? Vous avez pris rendez-vous ? La rééducation du périnée n'est pas obligatoire, mais elle est vivement conseillée (et les séances sont remboursées par la Sécurité sociale). Vous savez, aussi, pourquoi c'est vachement bien, la rééducation du périnée ? Parce qu'on voit sa sage-femme ou son/sa kiné, et qu'on peut refaire le monde. On peut se confier, se marrer, se livrer, poser toutes les questions qui nous passent par la tête, à notre sujet, celui de notre corps, de notre bébé… Un espace incroyable !

Votre sage-femme ou votre kiné vous a indiqué que les séances de rééducation se déroulaient sans votre enfant ? Passez votre chemin ! Certains pros refusent que les bébés y assistent, sous prétexte qu'ils peuvent perturber le travail. Que nenni. Ce n'est pas toujours facile de faire garder son enfant, alors quand on y arrive, mieux vaut que ce soit pour se faire plaisir que pour rééduquer son périnée !

Bougez tranquillement !

Ce mois est idéal pour bouger (un peu). Je ne vous demande pas de faire du parapente ou de soulever des poids à la salle, mais de remettre votre corps en route et de marcher… La marche est l'activité parfaite. Vous n'avez pas encore commencé la rééducation du périnée, certes, mais vous ne risquez rien. Je vous lance donc un défi : marchez tous les jours (c'est autorisé avec la poussette)… et essayez d'atteindre les 5 000 puis 10 000 pas par jour !

Si vous en souffrez, rompez la solitude !

Allez, je vous le dis : la plainte n° 1 de mes patientes en post-partum, c'est bien souvent la solitude. Éprouvée en congé maternité (puis parental, si on prolonge le séjour…), elle peut être coriace quand on n'est pas du genre casanier.

Ce que vous pouvez faire ?

- ***Profiter des cafés-poussettes***, des lieux où il est possible de venir avec son enfant (il est même le bienvenu), puis de sociabiliser avec d'autres femmes comme vous.
- ***Se rendre dans « Les maisons vertes »***, lieux d'accueil et d'écoute des tout-petits (jusqu'à leurs 4 ans). On peut rencontrer d'autres parents et poser des questions à des professionnels dédiés.
- ***Ne jamais sécher la rééducation du périnée***, parce que papoter avec sa sage-femme, ça fait un bien fou (j'ai adoré).
- ***Repérer les instituts de beauté*** qui font garde d'enfants en même temps.
- ***Solliciter des déjeuners avec des amis.*** Vous savez, ceux qui ne sont pas souvent dispo mais ont une heure le midi…
- ***Passer une tête dans les centres de PMI.*** Conférences, ateliers…
- ***Chercher des groupes de parole*** auprès d'associations. Vous trouverez plein de choses sur Instagram.
- ***Errer dans les parcs*** (non, ça ne fait pas pauvre fille). Même si votre bébé est tout petit, vous trouverez toujours des parents avec qui discuter.

Semaine 1

Semaine du au

Lundi ....

Mardi ....

Mercredi ....

Jeudi ....

Vendredi ....

Samedi ....

Dimanche ....

Mes rendez-vous importants

-
-
-
-

Cette semaine, je me sens...

Le souvenir avec mon bébé que je veux garder

Mon sommeil se porte...

Vous ne digérez toujours pas votre accouchement ? Parlez-en avec votre sage-femme ou le professionnel présent le jour J. Il vous faut comprendre ce qu'il s'est passé pour vous libérer. Attention, si vous pensez être en état de stress post-traumatique (voir p. 9), consultez sans tarder.

semaine 2

Semaine du au

Lundi ☺ 😐 ☹

Mardi ☺ 😐 ☹

Mercredi ☺ 😐 ☹

Jeudi ☺ 😐 ☹

Vendredi ☺ 😐 ☹

Samedi ☺ 😐 ☹

Dimanche ☺ 😐 ☹

Mes rendez-vous importants

-
-
-
-

Cette semaine, je me sens...

Le souvenir avec mon bébé que je veux garder

Mon sommeil se porte…

Un périnée super-star, c'est quoi ? Ce n'est pas un périnée en béton (je ne vous le souhaite pas). Un bon périnée est un périnée aussi fort dans la contraction que dans le relâchement. C'est ce que l'on appelle un périnée souple, aussi agile qu'un gymnaste !

Semaine 3

Semaine du .... au ....

Lundi	☺	😐	😠
Mardi	☺	😐	😠
Mercredi	☺	😐	😠
Jeudi	☺	😐	😠
Vendredi	☺	😐	😠
Samedi	☺	😐	😠
Dimanche	☺	😐	😠

Mes rendez-vous importants

-
-
-
-

Cette semaine, je me sens...

....

....

....

....

....

....

....

Le souvenir avec mon bébé que je veux garder

Mon sommeil se porte...

Et si vous deveniez super faux-cul face aux conseils les plus débiles et inadaptés que vous recevez ? Un « Oh, super idée ! » (que vous ne pensez pas du tout) zénifie beaucoup.

Semaine 4

Semaine du au

Lundi ....
Mardi ....
Mercredi ....
Jeudi ....
Vendredi ....
Samedi ....
Dimanche ....

Mes rendez-vous importants

-
-
-
-

Cette semaine, je me sens...

Le souvenir avec mon bébé que je veux garder

Mon sommeil se porte...

À méditer :

« On dit que la naissance vous fait oublier les temps antérieurs ; on dit que mettre au jour, c'est mettre à jour, comme un carnet qu'on fait débuter à blanc en lui arrachant des pages. »
André Pieyre de Mandiargues (écrivain surréaliste français)

MES *infos* ET ASTUCES

Trauma et EMDR

En cas de traumatisme (je pense notamment aux traumatismes post-accouchement (voir p. 8-9), vous vous en doutez bien !), et sur indication d'un professionnel de santé, on peut se tourner vers l'EMDR (Eye Movement Desensitization and Reprocessing). Une méthode qui n'efface pas les souvenirs douloureux mais permet au cerveau de les « ranger » à la bonne place afin qu'ils n'impactent pas, ou plus, le quotidien. Se renseigner auprès d'un psychologue ou d'un psychiatre.

Un petit exercice pour votre périnée

Voici une petite séquence super efficace pour votre périnée, à faire quelques fois par jour, et compatible avec vos séances de rééducation.

- Vous inspirez profondément.
- À l'expiration, vous contractez votre périnée et vous maintenez la contraction, même une fois que vous avez totalement expiré.
- Nouvelle inspiration avec le périnée toujours contracté.
- Nouvelle expiration : vous allez plus loin dans la contraction, le plus fort et le plus longtemps possible.

C'est très efficace. Il faut le faire plusieurs fois pour bien intégrer la séquence, donc c'est normal si vous ramez au départ !

Encore plus d'infos sur l'allaitement

Côté livres :

- *Choisir d'allaiter* de Carole Hervé (First, 2022)
- *L'Allaitement : de la naissance au sevrage* de Marie Thirion (Albin Michel, 2023)
- *Manuel très illustré de l'allaitement* de Caroline Guillot (Éditions Fi !, 2022)
- *L'Art de l'allaitement maternel* de La Leche League (Pocket, 2012)

Côté podcasts :

- Milkshaker
- J'allaite
- Institut Au sein en douceur
- Nuage de lait
- Lait's Talk
- Mon allaitement tout simplement

3 Mois

Protégez votre périnée au quotidien

Vous êtes en pleine rééducation périnéale, ou sur le point de commencer ou de terminer ? Très bien. Pour autant, votre cher périnée a besoin de vous au quotidien pour rester souple et en forme. Comment le protéger ?

- ***On ne pousse pas aux toilettes*** (même si on veut faire pipi vite car le film va commencer). Pousser, c'est faire « descendre » son périnée. Or, je vous rappelle qu'il soutient vos viscères, il doit être fier et haut !

- ***On mange équilibré*** (pour éviter la constipation qui pousse à… pousser, CQFD !), mais aussi parce qu'une surcharge pondérale pèse sur le périnée.

- ***On évite de fumer,*** car le tabac, en plus de faire tousser (le périnée n'aime pas ça), altère la composition du collagène, une protéine présente dans les tissus, qui assure l'élasticité du périnée.

- ***On ne porte pas tout et n'importe quoi*** sans « gainer ». En somme, on verrouille son périnée (une petite contraction) et ses abdominaux avant de soulever un pack d'eau ou son bébé, et on se met à la hauteur de l'objet pour le relever (ne vous penchez pas et ne l'attrapez pas à bout de bras !). Et de manière générale, moins on porte de charges lourdes, mieux on se porte soi.

Vous savez, le périnée, c'est un capital, comme un capital financier. Vous avez 1000 euros en poche. Si vous en dépensez 50, il va être très facile de les récupérer. Si vous en dépensez 920, ça va être nettement plus difficile. Le périnée, c'est la même chose. Si on le sollicite beaucoup, si on n'en prend pas soin, on l'entame… et il devient plus compliqué, à terme, de retrouver un périnée en super-forme. Autant le préserver au maximum, avec de bons réflexes et des bilans réguliers !

L'heure du… retour au travail

Le congé maternité touche à sa fin (si c'est votre premier enfant) ! Eh oui, déjà ! Quelle folie… Si vous n'avez pas envie de retourner au travail, pensez à toutes les possibilités qui vous permettraient d'ajourner votre reprise : congés ? Arrêt de travail ? Congé parental de quelques mois ? C'est aussi l'occasion de questionner votre rapport au travail. Votre profession vous plaît-elle toujours ? Avez-vous envie de l'exercer « comme avant » ? Existe-t-il des leviers pour que ce soit plus agréable ?

Poursuivre l'allaitement ou pas ?

La vraie question est celle-ci : de quoi avez-vous envie ?

- Si vous voulez sevrer votre bébé, très bien. Les infos pullulent et votre sage-femme, ou une conseillère en lactation, vous guidera. Généralement, on vous indiquera de supprimer une tétée toutes les 48 heures pour arriver, *in fine*, à une disparition des tétées au bout de quinze jours. Votre corps va s'adapter et suivre ! Si des douleurs se font sentir, on pourra vous prescrire des anti-inflammatoires.

- Si vous voulez poursuivre l'allaitement, j'ai une seule chose à dire : c'est possible ! L'allaitement n'est pas incompatible avec le travail, même si, bien sûr, plusieurs paramètres entrent en compte. Selon que vous reprenez le travail après deux mois et demi, ou huit mois, l'histoire n'est pas la même : un bébé de 8 mois tète moins et la diversification alimentaire a débuté… c'est donc plus facile ! Quant à tirer son lait au travail, c'est jouable, j'ai même eu des patientes hôtesses de l'air qui s'en sortaient bien… Bien sûr, je ne vous cache pas que ça demande de l'organisation ! La bonne nouvelle, c'est qu'on trouve toujours des solutions pour s'en sortir et parer aux éventuels obstacles, notamment grâce à l'aide avisée de nos incroyables conseillères en lactation. Demandez du soutien !

C'est quoi le Milk blues ?

Après l'arrêt de l'allaitement, les femmes ne sont pas à l'abri de traverser un « Milk blues », une sorte de petite déprime qui s'installe parfois des semaines. La faute des hormones ? En effet, l'ocytocine se fait la mal. Mais beaucoup d'autres phénomènes entrent en jeu : on doit réapprivoiser ses seins en dehors de leur fonction nourricière, on perd une habitude fusionnelle avec son enfant, on s'est sentie contrainte et forcée de tout stopper (d'où l'importance de s'écouter, encore une fois !)… Pas de panique, cet état flagada finit par passer. Un peu comme le baby blues : en deux trois semaines max, ça va mieux, et on peut même se sentir libre de ne plus allaiter !

Semaine 1

Semaine du au

Lundi

Mardi

Mercredi

Jeudi

Vendredi

Samedi

Dimanche

Mes rendez-vous importants

Cette semaine, je me sens...

Le souvenir avec mon bébé que je veux garder

Mon sommeil se porte...

Concernant le mode de garde de votre enfant, il faut que vous puissiez laisser votre bébé en étant complètement rassurée, sans une once d'inquiétude. C'est PRIMORDIAL. Osez explorer toutes les possibilités qui s'offrent à vous pour atteindre ce parfait état de confiance.

semaine 2

Semaine du au

Lundi ....

Mardi ....

Mercredi ....

Jeudi ....

Vendredi ....

Samedi ....

Dimanche ....

Mes rendez-vous importants

-
-
-
-

Cette semaine, je me sens...

Le souvenir avec mon bébé que je veux garder

Mon sommeil se porte...

Good news, votre utérus a retrouvé sa taille normale, celle d'une figue ou d'une petite clémentine corse. Il mesure environ 6 centimètres de diamètre pour un poids de 50 grammes, tandis qu'après l'accouchement, il ressemblait plutôt... à une pastèque.

Semaine 3

Semaine du ______ au ______

Lundi	☺	😐	☹

Lundi ....

Mardi ....

Mercredi ....

Jeudi ....

Vendredi ....

Samedi ....

Dimanche ....

Mes rendez-vous importants

-
-
-
-

Cette semaine, je me sens...

Le souvenir avec mon bébé que je veux garder

Mon sommeil se porte...

N'oubliez pas : en cas de solitude pesante, fixez-vous l'objectif de parler au moins à un adulte par jour. C'est une de mes recommandations phares pour tenir le coup en post-partum ! Attention, le conjoint, ça ne compte pas vraiment. Le boulanger, un peu (c'est toujours ça).

Semaine 4

Semaine du au

Lundi ....

Mardi ....

Mercredi ....

Jeudi ....

Vendredi ....

Samedi ....

Dimanche ....

Mes rendez-vous importants

-
-
-
-

Cette semaine, je me sens...

Le souvenir avec mon bébé que je veux garder

Mon sommeil se porte...

À méditer :

« Décider d'avoir un enfant, c'est accepter que votre cœur se sépare de votre corps et marche à vos côtés pour toujours. » Katharine Hadley (écrivain et journaliste)

MES *infos* ET ASTUCES

Stop au stop-pipi

Vous savez que je mène beaucoup de combats… Stopper le stop-pipi en est un ! Plus dérisoire que d'autres, je vous l'accorde, mais quand même : quand on stoppe sa miction pour (soi-disant) renforcer son périnée, on ne fait rien du tout ! Enfin si (et c'est très bof) :

- On habitue sa vessie à ne pas se vider entièrement, si bien qu'à la longue, on se retrouve à faire pipi souvent, et de petits pipis chaque fois (un peu comme si on faisait pipi en cinq fois plutôt qu'en une seule).
- On laisse de l'urine dans notre vessie, ce qui augmente le risque d'infection urinaire.

Le congé paternité en chiffres

Pour être éligible au congé maternité ou au congé paternité, le parent doit être en emploi ou percevoir des indemnités chômage au moment de la naissance (ou avoir perçu des indemnités chômage dans les douze mois précédant la naissance). En 2021, parmi les parents d'un enfant de moins de 3 ans, 94 % des pères étaient éligibles au congé paternité à la naissance de leur plus jeune enfant alors que 82 % des mères l'étaient au congé maternité[1]. Cette différence s'explique par la plus forte présence des hommes sur le marché du travail.

1 Direction de la recherche, des études, de l'évaluation et des statistiques (DREES), « Premiers jours de l'enfant : un temps de plus en plus sanctuarisé par les pères via le congé de paternité », *Études et Résultats*, 20 juillet 2023, n° 1275, https://drees.solidarites-sante.gouv.fr/publications-communique-de-presse/etudes-et-resultats/premiers-jours-de-lenfant-un-temps-de-plus-en

Un second… entretien postnatal précoce

L'entretien postnatal précoce, qui a lieu entre les 4 à 8 semaines qui suivent l'accouchement, et dont l'objectif est de repérer les premiers signes d'une dépression du post-partum, peut donner lieu à un second entretien entre la 10e et la 14e semaine. Si on ne vous l'a pas proposé (par oubli ou non nécessité), ou qu'on vous l'a proposé mais que vous l'avez refusé, vous pouvez encore le solliciter si vous en ressentez le besoin. Ce n'est pas trop tard. Dans tous les cas, sachez qu'il n'est jamais trop tard de rien du tout : si ça ne va pas, vous voyez une sage-femme et un médecin, peu importe « le cadre » et l'objectif premier de la consultation !

Les proches, parfois sympas, parfois lourds… Vive le tri !

Les premières semaines, votre entourage ne vous a pas lâché les baskets ? Envie de vous voir, et surtout, de voir votre bébé… Généralement, ça se calme au fil du temps. Si c'est toujours lourd, recadrez cela. Certaines relations sont toxiques (ou juste chiantes). À l'inverse, certains proches sont incroyablement gentils, respectueux et aidants. Faites donc du ménage dans tout ça, et n'hésitez pas à demander de l'aide à ceux qui savent rester à leur place. Ils se feront un plaisir de vous donner un coup de main, ou de boire un café avec vous, sans jamais vous étouffer.

4 Mois

Le point sur votre charge mentale

Impossible de ne pas vous parler de charge mentale, d'autant que, si vous avez repris le travail, il vous a fallu répartir les tâches ménagères et parentales entre vous et le co-parent. Équitablement, j'espère ! Car le piège est de continuer à absorber les tâches que l'on gérait en congé maternité… Or, quand on reprend le boulot, on ne peut plus tout faire ! Mon conseil ? Organisez une réunion de couple ! Qui fait quoi ? Qui prend quoi ? Qui en fait trop ? Qui doit moins en faire ? Comme je le dis souvent, devenir parents, c'est gérer une entreprise.

Quelques chiffres[1]…

• Une femme sans enfant consacre 170 minutes par jour aux tâches domestiques ; une femme avec un enfant y passe 178 minutes par jour (quasi 3 heures) ; une femme avec deux enfants 189 minutes (3 heures et 9 minutes), et une femme avec trois enfants (ou plus) 211 minutes…

• Aux tâches domestiques, il faut ajouter les tâches parentales (on ne s'occupe pas que de la maison, pardi, mais des enfants aussi). Le temps dédié est de 3 heures par jour pour un enfant de moins de 3 ans.

• Total ? 6 heures ! Et encore, je ne comptabilise pas le temps passé à penser, réfléchir, prévoir, anticiper, ruminer…

Le point sur votre sommeil

Que vous soyez encore en congé, ou que vous ayez repris le travail, les nuits sont peut-être de plus en plus difficiles, tant votre sommeil est haché. Il est important de faire le point si vous en souffrez (à l'inverse, si cela n'a aucune répercussion sur vous, vous n'êtes même pas obligée de me lire !).
Pour celles qui me lisent, donc… Je l'ai déjà dit : il n'est pas vraiment possible de changer le sommeil de votre enfant. Il est fragmenté et c'est normal. Les coachs qui vous promettent monts et merveilles n'y peuvent rien (ou alors exceptionnellement). La bonne nouvelle, c'est que ce moment ne durera pas toute votre vie, c'est promis… Quand il sera ado, il faudra même le tirer du lit.
Bref, ce n'est pas votre bébé que vous allez changer, c'est vous, parce que c'est le seul levier dont vous disposez ! Gardes alternées ? Découpage des nuits ? Une nuit par semaine avec les grands-parents (pour avoir un horizon) ? Si ce n'est pas déjà fait, étudiez toutes les possibilités qui s'offrent à vous (voir page 31). C'est essentiel pour votre santé physique et mentale.

1 Clara Champagne, Ariane Pailhé Et Anne Solaz, « Le temps domestique et parental des hommes et des femmes : quels facteurs d'évolutions en 25 ans ? », *Économie et Statistique*, n° 478-480, 2015, pages 209-242.

Help, au travail, ce n'est pas facile !

Depuis le retour au travail, vous vous sentez épuisée ? Coupable ou triste ? Vous le vivez mal, voire très mal ? C'est normal. À 2 mois et demi, l'immense majorité des femmes subira ce retour au travail, puisqu'elle ne l'aura pas choisi. Le plus souvent, vous ne dormez pas la nuit, et au travail, vous devez faire semblant de péter le feu, façon « rien n'a changé dans ma vie ». Cela peut donc être extrêmement difficile. Ce que j'ai à vous dire ?

1. ***Si vous sentez que ça dérape***, n'oubliez pas que vous pouvez poser un arrêt de travail, il vaut mieux ça que de plonger dans une dépression du post-partum.

2. ***Vous n'êtes pas seule***, la quasi-totalité de mes patientes vit mal ce retour au travail précoce.

3. ***Le congé maternité devrait être allongé***, malheureusement je n'ai pas les clés du ministère de la Santé !

N'hésitez vraiment pas à solliciter un arrêt de travail si vous sentez que la reprise vous écrase. Quelques jours de repos vous aideront à faire le point. Profitez également de votre détour chez le médecin pour lui parler de vous, de ce que vous ressentez. Ça libère et ça éclaire.

Le pic de la dépression du post-partum, c'est maintenant !

Je ne dis pas que vous êtes en dépression, mais je partage avec vous une information de la plus haute importance : selon le rapport de la Commission des 1 000 premiers jours, établi par le ministère des Solidarités et de la Santé en septembre 2020, la dépression du post-partum connaît un pic à 2-4 mois (et un autre à 6 mois). Ce qui veut dire ? Que quand elle débarque, c'est souvent à cette période-là. Faites un point sur votre moral et n'oubliez pas de réaliser un test EPDS (voir page 28).

Semaine 1

Semaine du au

Lundi	😊	😐	😠
Mardi	😊	😐	😠
Mercredi	😊	😐	😠
Jeudi	😊	😐	😠
Vendredi	😊	😐	😠
Samedi	😊	😐	😠
Dimanche	😊	😐	😠

Mes rendez-vous importants

-
-
-
-

Cette semaine, je me sens...

Le souvenir avec mon bébé que je veux garder

Mon sommeil se porte...

Alors que je me sentais couler à la reprise du travail, une patiente m'a sauvé la vie : elle m'a appris à mentir, à dire à mon mec que je commençais ou terminais le boulot à telle ou telle heure alors que ce n'était pas le cas... pour pouvoir souffler. C'est mal ? Assurément, mais ça m'a fait un bien fou !

Semaine 2

Semaine du au

Lundi ....

Mardi ....

Mercredi ....

Jeudi ....

Vendredi ....

Samedi ....

Dimanche ....

Mes rendez-vous importants

-
-
-
-

Cette semaine, je me sens...

Le souvenir avec mon bébé que je veux garder

Mon sommeil se porte...

Vous vous posez la question d'enchaîner les grossesses ? C'est vous la cheffe (avec votre partenaire, bien sûr), pas les pros de la santé, vos amis ou vos familles. Vous faites comme vous le sentez : rester dans les couches (et prolonger le post-partum), vous accorder une « pause » ou en rester là !

semaine 3

Semaine du au

Lundi ....

Mardi ....

Mercredi ....

Jeudi ....

Vendredi ....

Samedi ....

Dimanche ....

Mes rendez-vous importants

-
-
-
-

Cette semaine, je me sens...

Le souvenir avec mon bébé que je veux garder

Mon sommeil se porte...

On ne va pas se raconter de sornettes : le post-partum est l'occasion d'être un peu tranquille. C'est même une bonne excuse pour ne pas sortir et quitter tous les groupes WhatsApp chiants. Profitez-en pour penser à vous, vos proches, et vous mettre à l'abri des sollicitations envahissantes...

Semaine 4

Semaine du au

Lundi ....

Mardi ....

Mercredi ....

Jeudi ....

Vendredi ....

Samedi ....

Dimanche ....

Mes rendez-vous importants

-
-
-
-

Cette semaine, je me sens...

Le souvenir avec mon bébé que je veux garder

Mon sommeil se porte...

Vous avez repris une sexualité ? Très bien. Vous n'avez pas repris ? Très bien. L'important : écouter votre corps, prendre votre temps et en discuter avec votre partenaire. Toutefois, si vous ressentez des douleurs, trouvez un pro qui va vous écouter et résoudre le souci ! On en reparle page 216.

MES *infos* ET ASTUCES

Le congé parental, qui le prend ?

Le congé parental peut tout à fait être pris par le coparent. Excellente nouvelle, donc ! Mais j'ai une chose très importante à vous dire : si vous voulez le prendre vous, vous êtes prioritaire. Il est de plus en plus fréquent que les deux parents aient envie de ce congé parental, et c'est génial. L'investissement des pères est une réalité. Seulement, j'ai vu des couples s'écharper ! Si vous y tenez vraiment, si vous avez besoin de prolonger, alors c'est vous d'abord. Ne… cédez pas. Mon propos est certes un peu sévère, mais je rappelle que vous avez été enceinte, que vous avez accouché et que vous vivez le post-partum dans votre corps et dans votre tête. Si, bien sûr, il n'y a aucune tension entre vous et que vous êtes parfaitement d'accord pour que votre partenaire prenne ce congé en même temps que votre congé maternité ou en relais, c'est super.

Tâches ménagères… les clichés persistent !

Plus d'un Français sur deux rejette les stéréotypes de genre, selon le Baromètre d'opinion de la DREES[1]. Bonne ou mauvaise nouvelle, je ne sais pas. Cela signifie qu'un bon paquet d'individus pense encore que les hommes changent bien les ampoules et les femmes soignent correctement les enfants. Et vous savez quoi ? Toujours selon la même enquête, plus les personnes adhèrent aux stéréotypes de genre, moins elles déclarent un partage égalitaire des tâches dans leur couple. En 2024, on en est encore là : 54 % des femmes confient qu'elles prennent majoritairement elles-mêmes en charge les tâches ménagères (les courses, le ménage et le linge) contre 7 % des hommes. Un fossé quasi identique face aux activités consacrées aux enfants (repas, loisirs…) : 46 % des femmes déclarent les faire majoritairement elles-mêmes plutôt que leur partenaire, contre 6 % des hommes.

1 DREES, « Des stéréotypes de genre encore très ancrés, notamment chez les hommes », *Études et Résultats*, n° 1294, 2024.

Les Françaises, pas championnes de l'allaitement ?

L'allaitement à quatre mois est maintenu dans plus de 65 % des cas en Suède et en Suisse, 34 % au Canada, 27 % au Royaume-Uni et à peine 5 % en France[1]. Manque criant d'accompagnement ? Congé maternité trop court ? Aménagements mal pensés, ou trop rares, pour allaiter au travail ? Je ne peux pas dire avec certitude pourquoi les Françaises stoppent l'allaitement avant leurs voisines, mais vous voyez bien que j'ai ma petite idée.

Étonnant, ce clitoris

Le clitoris s'étend à l'intérieur du corps et mesure, en tout, entre 9 et 11 centimètres[2]. Le gland, sa partie visible, mesure quant à elle un centimètre. Oui, le clitoris arbore des racines qui, en coulisses, chevauchent l'urètre et le vagin. Pour briller en soirée, notez alors que l'on peut parler de « complexe clitoridien » pour désigner le tout, et n'hésitez pas à rappeler qu'on ne connaît qu'une fonction au clitoris : le plaisir ! En effet, son gland est bourré de terminaisons nerveuses, à l'origine de nos orgasmes.

1 Ministère des Solidarités, de la Santé et de la Famille, Allaitement maternel, Les bénéfices pour la santé de l'enfant et de sa mère, 2005. https://sante.gouv.fr/IMG/pdf/allaitement.pdf

2 Pauls R. N., « Anatomy of the clitoris and the female Sexual Response », Clinical Anatomy, 2015, 18, 376-384

5 Mois

Vive l'ambivalence !

Qui a dit que la maternité devait être, pour les femmes, une aventure incroyable, remplie de joie et de petits bonheurs ? Pourquoi la maternité serait la seule expérience de la vie super lisse, super heureuse, sans tracas ? On ne regretterait jamais rien. De toute façon, on ne pourrait pas, trop occupées que nous sommes à nous extasier devant notre bébé et notre corps, cette machine de guerre ! Mollo, ça me tend. Vous avez le droit à l'ambivalence. Je le dis et le redis. On peut aimer son mec et ne plus le supporter le jeudi. On peut adorer son travail et ne pas avoir envie d'y aller ce matin. Cela paraît bien normal, et pour preuve : il suffit de se plaindre à ses proches pour être entendue, comprise et soutenue. Mais pourquoi, quand on traverse des sentiments ambivalents en post-partum (et même durant toute sa vie de parent), on est regardé de travers ? Voilà qui nous fait culpabiliser. Or, la maternité, comme toute expérience, a le droit d'entraîner chez nous un goût de couci-couça. On a le droit d'être fatiguée et en manque de sa vie d'avant. On a le droit d'être heureuse d'être mère et de dire que c'est compliqué, fichtre ! Osez le dire, merci !

La rééducation abdominale... après celle du périnée !

La rééducation des abdominaux n'est pas obligatoire, tout comme celle du périnée d'ailleurs. Pour autant, on peut la voir comme une opportunité, parfois même comme une nécessité. Elle est très intéressante et utile, en particulier si :

- vous avez eu une césarienne ;
- vous venez d'accoucher d'un deuxième ou troisième bébé ;
- vous savez que votre ceinture abdominale est défaillante.

La rééducation abdominale s'effectue toujours chez un kinésithérapeute. L'objectif est de renforcer les abdominaux de façon intelligente, c'est-à-dire sans bousiller tout le reste. Les exercices d'abdos hypopressifs sont les stars de la rééducation abdominale, puisqu'ils sont sans pression pour le périnée et les lombaires (oubliez donc les *crunches* de bourrin, plus communément appelés « relevés de buste »). Bien sûr, le kiné vous accompagne aussi en cas de diastasis (écartement anormal des muscles abdominaux).

La rééducation abdominale donne lieu à prise en charge par la Sécurité sociale dès lors qu'elle vous est prescrite. Vous pouvez la solliciter à la sortie de la maternité, ou, si vous n'y avez pas pensé, la demander maintenant à votre médecin ou votre sage-femme.

Un peu de sport ?

Eh, pssst… Et si vous vous (re)mettiez au sport ? Choisissez l'activité qui vous fait le plus triper, et hop, c'est parti !

- C'est bon pour votre corps ;
- C'est bon pour votre tête ;
- C'est du temps où vous prenez soin de vous ;
- C'est un moment de partage avec d'autres personnes ;
- Ça renforce l'estime de soi ;
- Vous développez de nouvelles compétences…
- Convaincant, non ? Des idées pour vous lancer page 213.

Saviez-vous que même l'OMS (Organisation mondiale de la Santé) avait planché sur des recommandations d'activité physique pour les femmes en post-partum ?

Les voici :

« Les femmes enceintes et en post-partum sans contre-indication devraient toutes :

- consacrer au moins 150 minutes par semaine à une activité d'endurance d'intensité modérée ;
- pratiquer une variété d'activités d'endurance et de renforcement musculaire ;
- limiter leur temps de sédentarité. Remplacer la sédentarité par une activité physique de tout niveau d'intensité (y compris de faible intensité) est bénéfique pour la santé. »

C'est exigeant, mais ils ont raison ! On sait désormais à quel point l'activité physique améliore la santé mentale et physique. À vos baskets !

Semaine 1

Semaine du au

Lundi	☺	😐	☹
Mardi	☺	😐	☹
Mercredi	☺	😐	☹
Jeudi	☺	😐	☹
Vendredi	☺	😐	☹
Samedi	☺	😐	☹
Dimanche	☺	😐	☹

Mes rendez-vous importants

-
-
-
-

Cette semaine, je me sens...

Le souvenir avec mon bébé que je veux garder

Mon sommeil se porte…

Je suis une adepte des réseaux sociaux, pour ce qu'ils représentent d'informations sur le post-partum. Mais je pose une limite : multipliez et vérifiez les sources, parlez aux professionnels de santé et privilégiez les rapports humains, en chair et en os.

Semaine 2

Semaine du .... au ....

Lundi ....
Mardi ....
Mercredi ....
Jeudi ....
Vendredi ....
Samedi ....
Dimanche ....

Mes rendez-vous importants

-
-
-
-

Cette semaine, je me sens...

Le souvenir avec mon bébé que je veux garder

Mon sommeil se porte...

Coup de mou ? Fatigue ? Ras-le-bol ? Questions assommantes ? Partenaire chiant ? Mal de dos insupportable ? Envie de vous barrer loin et d'avaler des cocktails pour zapper ce quotidien harassant ? Je veux vous dire une chose : rappelez-vous que tout passe. C'est promis, juré, craché !

semaine 3

Semaine du au

Lundi

Mardi

Mercredi

Jeudi

Vendredi

Samedi

Dimanche

Mes rendez-vous importants

Cette semaine, je me sens...

Le souvenir avec mon bébé que je veux garder

Mon sommeil se porte…

Vous avez l'impression de ne parler que de votre progéniture ? C'est sympa de parler de ses enfants, je vous comprends ! Mais si vous craignez d'épuiser les autres, essayez de varier les sujets de conversation. Ça peut vous faire du bien… C'est presque une façon de « s'évader » !

Semaine 4

Semaine du au

Lundi ....

Mardi ....

Mercredi ....

Jeudi ....

Vendredi ....

Samedi ....

Dimanche ....

Mes rendez-vous importants

-
-
-
-

Cette semaine, je me sens...

Le souvenir avec mon bébé que je veux garder

Mon sommeil se porte...

À méditer :

« Un enfant n'a jamais les parents dont il rêve. Seuls les enfants sans parents ont des parents de rêve. » Boris Cyrulnik

MES *infos* ET ASTUCES

Des milliers de pas par jour

Vous avez pris la bonne habitude de marcher, d'être en mouvement ? Maintenant que les mois passent, vous pouvez peut-être vous remettre au sport. Pour vous donner un cadre, rappelez-vous que l'OMS recommande au moins 150 minutes (1h30 donc !) par semaine d'activité physique, d'intensité modérée à soutenue, pour tous les adultes, y compris les personnes atteintes de maladies chroniques[1]. Ce n'est vraiment pas votre truc ? Pensez à marcher, marcher, et encore marcher, tout en vous donnant désormais un petit objectif : augmenter votre vitesse, jusqu'à atteindre (voire dépasser) les 6,5 km/h ! La marche devient alors sportive ! En parallèle de vos séances dédiées à cette activité, pensez à utiliser vos pieds pour les trajets du quotidien (aller à la boulangerie), à emprunter les escaliers...

S'apaiser avec la cohérence cardiaque

Si vous vous sentez stressée ou dépassée, vous pouvez essayer la cohérence cardiaque. Attention, je ne dis pas que ça résout tout, mais cette technique antistress est très sérieuse. Elle est recommandée par les cardiologues ! De quoi s'agit-il ? D'un exercice de respiration qui fait baisser le taux de cortisol (hormone du stress). On le doit au docteur David O'Hare, qui suggère de le pratiquer trois fois par jour et avance que ses bienfaits subsistent six heures.

Les étapes :

- Vous vous asseyez sur une chaise, bien droite, les mains sur les genoux.
- Vous inspirez pendant 5 secondes.
- Vous expirez pendant 5 secondes.
- Vous recommencez trente fois : l'exercice dure 5 minutes.

Si besoin, il existe des applications pour vous guider.

1 Organisation mondiale de la santé, *Lignes directrices de l'OMS sur l'activité physique et la sédentarité : en un coup d'œil*, 2020, https://iris.who.int/bitstream/handle/10665/337003/9789240014862-fre.pdf?sequence=1

Votre périnée est formidable !

Envie de mieux le connaître et d'en prendre soin ? Des livres qui font le tour de la question :

- *Abdominaux : arrêtez le massacre !* du docteur Bernadette de Gasquet (Marabout, 2009)
- *In Périnée We Trust*, de Sabrina Fajau (aussi connue sous le nom de Princesse Périnée sur Instagram) (First, 2021)
- *Le Périnée féminin* du professeur Bruno Deval (Éditions du Rocher, 2022)
- *On en parle de mon périnée ?* de moi-même (Leduc, 2021)

Mes conseils de lecture spécial bébé

Je vous recommande ces deux livres les yeux fermés :

- *161 questions et leurs réponses pour tout savoir sur la santé de votre enfant de 0 à 2 ans* du docteur Élodie Adler (Hatier, 2023)
- *Bébé : premier mode d'emploi* du docteur Arnault Pfersdorff (Hachette, 2024)

6 Mois

Prendre soin de soi sans se foutre la pression

Bon, je sais exactement ce qu'il se passe dans votre tête, là, tout de suite, maintenant : vous en avez marre des mille et une recommandations au sujet de votre santé. Il faudrait bien dormir, super bien manger, faire du sport, ne pas boire, ne pas fumer, avaler des graines à la place, méditer, penser à vous… Et finalement, à force d'injonctions, vous êtes perdue et vous culpabilisez au moindre écart (ou culpabilisez de ne pas faire, ou de ne pas faire assez bien).

Qu'ai-je à répondre à ça ? Vais-je vous dire de lâcher prise ? Je pourrais, oui, mais je reste un professionnel de la santé qui sait que la période du post-partum est particulière, et que plus on veille au maintien des piliers de la bonne santé (sommeil, alimentation, temps pour soi, sport, vie sociale épanouissante…), mieux on se porte. Alors, que faire pour prendre soin de soi tout en se faisant plaisir ?

J'ai tendance à vous proposer « d'ajouter des choses », plutôt que d'en supprimer ou de combattre. Je m'explique : il peut être plus difficile de sortir l'alcool de sa vie que d'ajouter des légumes. Il peut être plus difficile d'éviter les pizzas que de marcher 5 000 pas de plus par jour.

Donc ? Réfléchissez aux habitudes que vous pouvez prendre, plutôt qu'aux mauvaises habitudes que vous devez chasser. Vous finirez par les supprimer, mais il me semble (et c'est très personnel) que l'on parvient davantage à agir quand il est question de faire « en plus ».

Une fois que vous aurez intégré du sport, une heure de sommeil supplémentaire par jour, des repas équilibrés, trois minutes de méditation chaque matin… alors, à ce moment-là, vous pourrez combattre ce qui doit sortir de votre quotidien, car vous irez mieux, vous vous sentirez bien !

Ras le bol du mal de dos !

La plainte revient souvent : vous avez mal au dos. Un bébé, ça devient vite lourd, mine de rien ! Quelques recommandations pour soulager les douleurs dorsales :

- ***Bougez, bougez…*** Je radote, mais le mouvement est un bon remède au mal de dos. La marche déverrouille et détend les muscles. Quelques étirements à la maison aident également à s'assouplir, se faire du bien… Oubliez l'idée selon laquelle il faut s'allonger pour atténuer la douleur.

- ***Faites des pauses régulièrement***, notamment si vous êtes souvent assise derrière un écran. Toutes les 30 minutes, c'est possible pour vous ? Vous vous dégourdissez les jambes, vous abaissez vos épaules et vous regardez au loin (évitez d'avoir le nez dans le mobile). Autre idée : ondulez le bassin à la Shakira, histoire de détendre les lombaires.

- ***Évitez de piétiner***, et si vous n'avez pas le choix, achetez une ceinture de maintien fine dont je ne peux pas citer la marque (mais ma coauteure, Caroline, peut le faire : c'est la ceinture Physiomat).

- ***Verrouillez le périnée et gainez vos abdominaux*** quand vous portez votre enfant, l'installez dans son lit, ou quand vous portez des courses (vous pouvez aussi investir dans un caddie, ce n'est pas du tout ringard, c'est intelligent).

- ***Consultez un kiné !*** Votre sage-femme, votre médecin ou votre gynéco peut vous prescrire des séances. L'avantage ? Massages et exercices ciblés, et une fois que les rendez-vous sont pris, on ne peut plus reculer !

Quand ça devient insupportable…

Des douleurs violentes au dos vous réveillent la nuit ou vous empêchent de mener à bien vos activités quotidiennes ? Vous avez, en plus de ça, d'autres symptômes ? Go aux urgences.

Connaissez-vous la *swiss ball*, aussi appelée « ballon de grossesse » ? C'est une grosse baballe sur laquelle on s'assied, qui nous oblige à nous tenir droite (sinon, on roule au sol) et propose d'être en micro-mouvement permanent. Le mouvement étant bon pour le dos, c'est un accessoire idéal sur lequel se poser pour regarder une série, prendre l'apéro (non, je n'ai aucune limite), ou mater un film.

Semaine 1

Semaine du au

Lundi .... 😊 😐 😠

Mardi .... 😊 😐 😠

Mercredi .... 😊 😐 😠

Jeudi .... 😊 😐 😠

Vendredi .... 😊 😐 😠

Samedi .... 😊 😐 😠

Dimanche .... 😊 😐 😠

Mes rendez-vous importants

- ❍
- ❍
- ❍
- ❍

Cette semaine, je me sens...

Le souvenir avec mon bébé que je veux garder

Mon sommeil se porte...

Pour le suivi gynécologique de prévention, vous hésitez entre gynéco et sage-femme ? Quelle différence ? La sage-femme peut tout à fait assurer votre suivi. Simplement, ses prérogatives s'arrêtent là où la pathologie commence ! Elle vous orientera vers un gynéco si besoin.

Semaine 2

Semaine du ______ au ______

Lundi .... 😊 😐 😠

Mardi .... 😊 😐 😠

Mercredi .... 😊 😐 😠

Jeudi .... 😊 😐 😠

Vendredi .... 😊 😐 😠

Samedi .... 😊 😐 😠

Dimanche .... 😊 😐 😠

Mes rendez-vous importants

-
-
-
-

Cette semaine, je me sens...

....

....

....

....

....

....

....

Le souvenir avec mon bébé que je veux garder

....

....

....

....

....

....

....

....

....

Mon sommeil se porte...

Une idée : pensez à faire une vraie séance photo, avec un photographe professionnel ou un ami franchement doué. Je sais, certaines d'entre vous trouvent ça un peu cucul... Oui, ça l'est. Mais on s'en fout, c'est beau, c'est l'amour et ça fait des sacrés souvenirs pour la postérité.

semaine 3

Semaine du au

Lundi
Mardi
Mercredi
Jeudi
Vendredi
Samedi
Dimanche

Mes rendez-vous importants

Cette semaine, je me sens...

Le souvenir avec mon bébé que je veux garder

Mon sommeil se porte…

Pensez-vous à sortir avec votre partenaire, de temps en temps, rien que tous les deux ? Organiser un resto ne paraît rien, mais c'est beaucoup ! Ces moments pour vous sont précieux et nourrissants. À caler au programme !

Semaine 4

Semaine du au

Lundi ....
Mardi ....
Mercredi ....
Jeudi ....
Vendredi ....
Samedi ....
Dimanche ....

Mes rendez-vous importants

-
-
-
-

Cette semaine, je me sens...

Le souvenir avec mon bébé que je veux garder

Mon sommeil se porte…

Quand mon premier fils est né, j'avais tellement peur qu'il lui arrive quelque chose que traverser la rue était une épreuve ! On aurait dit que je traînais un magnum de champagne. Il m'a fallu un an pour me calmer. Donc, pas d'inquiétude si vous êtes devenue une flippée. Ça arrive !

MES *infos* ET ASTUCES

L'hygiène intime dans les règles de l'art

Une bonne hygiène intime, c'est quoi ? Un savon neutre, une fois par jour, et c'est tout ! On arrête les trucs parfumés, les lingettes, les lavages à l'excès… Et, par pitié, pas de douche vaginale ! Votre vagin n'a pas besoin d'être rincé ou savonné, il est autonettoyant (pas comme mon appartement).

Les cris de bébé peuvent atteindre 100 décibels

Plutôt efficace (au moins, il se fait entendre), ce niveau n'en est pas moins classé comme « dangereux » pour la santé. C'est l'équivalent d'une perceuse à peu près !

Si jamais vous sentez que vous n'en pouvez plus, les recommandations sont à retrouver page 35 et en suivant ce lien : https://solidarites.gouv.fr/syndrome-du-bebe-secoue-une-maltraitance-qui-peut-etre-mortelle

La dépression du post-partum chez les pères

18 % des pères disent avoir connu un épisode dépressif ou s'être sentis déprimés pendant la période du post-partum[1]. Aussi, ils seraient 10 % à avoir fait une dépression du post-partum[2].

Un peu de prévention… Le suicide maternel

Les suicides demeurent la première cause connue de décès maternels en période périnatale[3]. Diffusez ce message autour de vous. Si vous vous sentez en détresse, foncez aux urgences médicales, gynécologiques ou psychiatriques. Pour rappel, vous pouvez aussi contacter sans tarder le 31 14, numéro national de prévention du suicide.

---

1 OpinionWay pour Qare-Post Partum et Santé Mentale, septembre 2021.

2 Katharine M. Barry, *et al.*, « Paternity leave uptake and parental post-partum depression: findings from the ELFE cohort study », *The Lancet Public Health*, 2023, vol. 8, n° 1, pages e15-e27.

3 A. Doncarli, *et al.*, « Suicide en période périnatale : données épidémiologiques récentes et stratégies de prévention », *Bulletin épidémiologique hebdomadaire*, 2023, (n° 3), pages 68-76, http://beh.santepubliquefrance.fr/beh/2023/3-4/2023_3-4_4.html

Plus d'infos sur le post-partum et la parentalité

Côté livres :

- Les miens (évidemment !) : *La vie rêvée du post-partum* et *Le post-partum dure trois ans* (éd. Larousse) ;
- *Le mois d'or* de Céline Chadélat et Marie Mahé Poulain (éd. Presses du Châtelet, 2019) ;
- *Ceci est notre post-partum* d'Ilana Weizman (éd. Marabout) ;
- *Être mère*, collectif d'autrices (L'iconoclaste, 2024).

Côté podcasts :

- Les miens (encore moi) : *Sage-Meuf* (Europe 1) et *Tout sur Elles* (Akna productions) ;
- *Bliss Stories* ;
- *La matrescence* ;
- *Faites des gosses* (Louie Media).

7 Mois

La perte d'énergie, au secours !

Allez, déjà le septième mois. Bravo ! Vous êtes heureuse, plutôt épanouie, tout rentre dans l'ordre… ou presque. Je suppose que vous êtes toujours fatiguée. Si ce n'est pas le cas, c'est chouette. Sinon, parlons-en. Je crains que ce soit normal, même si j'entends la frustration de tourner à bas régime alors que les mois ont passé depuis votre accouchement.

Je vais vous expliquer pourquoi votre énergie est au ras des pâquerettes (attention, c'est étonnant) : en devenant parent, nous découvrons la fatigue, la VRAIE fatigue. Pourquoi la vraie ? Parce qu'avant d'avoir un enfant, nous sommes maître de notre temps, de nos soirées, de nos week-ends et de nos vacances, ce qui veut dire que l'on est certain de bénéficier de plages de récupération. Et quand ce n'est pas le cas, on annule, on repousse, on s'enferme, ou, dans le pire des cas, on obtient un arrêt de travail nécessaire. Le bout du rouleau, c'est le bout du rouleau !

Avec un enfant de moins de 3 ans, il est bien compliqué de se la couler douce et de regarder les trains passer. Sans compter les nuits chaotiques. Bref, vous avez toutes les bonnes raisons d'être (encore et toujours) fatiguée et de vous sentir privée de votre énergie vitale. Bien entendu, vous pouvez identifier des actions vous permettant d'adoucir la fatigue, même si je préfère vous prévenir : un fond de fatigue risque de traîner, malgré toute votre bonne volonté.

Je viens de vous saper le moral ? Mais (c'est tout moi) j'ai une excellente nouvelle pour finir : on retrouve son énergie un jour (au bout de trois ans, donc, en moyenne). Si, si, promis ! Et c'est d'autant plus délicieux de la retrouver qu'elle avait été perdue !

Rhume, gastro, varicelle… Les maladies infantiles et vous

S'il y a bien un sujet dont on parle peu, voire jamais, c'est celui-ci ! Les enfants n'échappent pas aux virus ou aux infections, et ils en chopent d'autant plus qu'ils sont gardés en collectivité. En tant que parents, voilà que vous devez affronter une belle brochette de maladies, et ce n'est pas juste chiant. C'est parfois très, très éprouvant. Votre hypervigilance des premiers jours se réveille, votre inquiétude est à son comble, vous vérifiez que votre enfant respire au lieu de dormir, vous devez multiplier les rendez-vous chez le pédiatre… et, généralement, une fois que vous êtes bien épuisée, c'est votre tour d'être malade. L'enfer, donc.

Une solution ? Navrée, je n'en ai pas. À part, peut-être, vérifier que vous n'ayez pas de carences qui vous rendraient plus fragile… En attendant, les hivers peuvent être longs. Vous avez toutes mes pensées, tout mon courage, et n'oubliez pas qu'en grandissant, les enfants renforcent leur système immunitaire et vous ramènent un peu moins de sales cadeaux à la maison (mais bon, c'est relatif : je continue de devenir folle certains mois de novembre).

Vous êtes un parent imparfait (et vous avez de la chance)

Je connais le sujet… Quand j'ai accouché de mon premier enfant, je voulais être la mère plus que parfaite d'un enfant incroyablement beau et intelligent. J'ai eu beaucoup d'obsessions, entre les jouets en bois (surtout pas de plastique), les légumes bio et bla-bla-bla… Mon mec ne me suivait pas et moi je devenais dingue. On souffre de vouloir être parfait, et on souffre quand on a l'impression de l'être, parce qu'on imagine pouvoir toujours faire mieux… Je sais que ce mal touche beaucoup de parents. On a peur de rater quelque chose (peut-être parce que par définition, tout parent rate quelque chose, et qu'on veut être celui qui changera la face du monde ?). Vous ne pourrez jamais être parfaite. Vous êtes la mère que vous êtes et c'est génial ainsi. Vous savez, on fait toujours ce que l'on peut. Chaque fois qu'une patiente me dit « Mais j'aurais dû… », j'ai envie de lui répondre : d'accord, vous auriez dû cuisiner une purée, ne pas être en retard à la crèche, et ainsi de suite. Mais comment ? Avec quels moyens ? En vous levant à 4 heures ? On fait ce que l'on peut, toujours. Acceptez-le et fuyez les réseaux, tiens. Le monde d'Instagram rend fou : on a beau savoir que tout est *fake*, on continue de se comparer et on en déduit qu'on est une « mère bof », parce que nous, on ne fait pas cuire nos tiges de chou-fleur (il paraît que c'est bon et antigaspi, ce sont les *stories* qui le disent…).

Semaine 1

Semaine du au

Lundi .... 😄 😐 😠

Mardi .... 😄 😐 😠

Mercredi .... 😄 😐 😠

Jeudi .... 😄 😐 😠

Vendredi .... 😄 😐 😠

Samedi .... 😄 😐 😠

Dimanche .... 😄 😐 😠

Mes rendez-vous importants

-
-
-
-

Cette semaine, je me sens...

Le souvenir avec mon bébé que je veux garder

Mon sommeil se porte…

J'ai eu mon deuxième enfant quand le premier fêtait à peine ses 2 ans. Résultat, j'ai enchaîné les post-partum. Cinq ans de post-partum au total ! Oui, le post-partum, ça peut durer des années, alors vous voyez bien l'intérêt de l'apprivoiser ?

Semaine 2

Semaine du au

Lundi	
Mardi	
Mercredi	
Jeudi	
Vendredi	
Samedi	
Dimanche	

Mes rendez-vous importants

-
-
-
-

Cette semaine, je me sens...

Le souvenir avec mon bébé que je veux garder

Mon sommeil se porte…

Le coparent fait… à sa façon. Essayons de l'accepter (tant qu'il n'y a pas danger, bien entendu). Personnellement, mon mec lavait notre aîné dans un bain trop froid, prétextant que 35 degrés, c'était presque 37… Bon… Chacun doit mener son expérience et rencontrer le parent qu'il est !

Semaine 3

Semaine du au

Lundi

Mardi

Mercredi

Jeudi

Vendredi

Samedi

Dimanche

Mes rendez-vous importants

Cette semaine, je me sens...

Le souvenir avec mon bébé que je veux garder

Mon sommeil se porte...

Face à un professionnel de la santé qui nous écoute et s'implique, on se sent mieux et on se remet plus vite (il n'y a pas que les médocs et les ordonnances dans la vie). L'impact psy, ce n'est pas des conneries ! Changez de crèmerie si on ne vous accorde pas l'attention et le soin que vous attendez.

Semaine 4

Semaine du au

Lundi

Mardi

Mercredi

Jeudi

Vendredi

Samedi

Dimanche

Mes rendez-vous importants

Cette semaine, je me sens...

Le souvenir avec mon bébé que je veux garder

Mon sommeil se porte...

« Le plus difficile dans la maternité, c'est cette inquiétude intérieure que l'on ne doit pas montrer », a dit Audrey Hepburn. C'est vrai, l'inquiétude pour nos enfants ne nous quitte jamais, elle nous suit partout. C'est normal, acceptez-le !

MES *infos* ET ASTUCES

Violences gynécologiques et obstétricales saisies par le droit

Les violences gynécologiques et obstétricales sont des actes graves. Vous le savez : je les dénonce et j'estime que beaucoup d'entre elles sont dues au manque de moyens, notamment à l'hôpital. Je ne cherche à disculper personne, attention. Je dis juste qu'il y a un gros travail à faire pour distinguer les violences intentionnelles de celles qui ne le sont pas. Ça tombe bien, ce travail a été réalisé. Anne Simon et Elsa Supiot, respectivement maîtres de conférences en droit pénal et en droit privé à l'université Paris I Panthéon-Sorbonne, ont publié l'objet de leur recherche dans le rapport « Les violences gynécologiques et obstétricales saisies par le droit ». Celui-ci recense et catégorise les différentes situations de violence dans le champ du droit. Vous pouvez le trouver sur Internet.

Du nouveau côté congés des parents ?

En 2025, nous pourrions assister à la mise en place d'un congé de naissance, qui viendra remplacer le congé parental d'éducation et « sera mieux rémunéré et permettra aux deux parents d'être auprès de leur enfant pendant six mois s'ils le souhaitent », selon Emmanuel Macron (janvier 2024). Une sorte de nouveau droit qui viendra prolonger les congés maternité et paternité.

Vous savez de quoi je rêve ? Un congé maternité de six mois minimum, dans lequel, d'ailleurs, le co-parent, ou des grands-parents qui travailleraient toujours, pourraient aller piocher un mois, ou deux mois. Il s'agirait d'un temps à utiliser comme on le souhaite, et dont la mère serait maître ; elle donne ce qu'elle veut et à qui elle veut, c'est elle qui vient d'accoucher. Ensuite, ce congé maternité se doit d'être renouvelable une fois, ce qui me paraît être la moindre des choses… Si un jour j'étais entendue !

Le plus beau métier du monde à l'écran

Envie de regarder des films qui mettent à l'honneur le métier de sage-femme ? En voici quelques-uns :

- *Sage-homme* de Jennifer Devoldere avec Melvin Boomer et Karin Viard (2023)
- *Sage femme* de Martin Provost avec Catherine Frot et Catherine Deneuve (2017)
- *Sages-femmes* de Léa Fehner avec Héloïse Janjaud et Khadija Kouyaté (2022)

8 Mois

Le répit parental, pensez-y

La CAF défend le droit au répit parental. Concrètement, la Caisse d'allocations familiales peut vous aider à faire garder votre enfant à domicile ou au sein de structures publiques dédiées afin que vous puissiez gérer vos rendez-vous du quotidien ou tout simplement… souffler. Il est possible de faire une demande pour en bénéficier.

J'estime cette notion de répit parental très inspirante : les parents ont besoin de répit, pas seulement de repos. C'est d'autant plus vrai pour ceux dont l'enfant est malade ou en situation de handicap, et pour qui le post-partum se prolonge alors à jamais. L'hypervigilance, la fatigue, les consultations médicales rapprochées, le soin constant donné… Tout ça dure et épuise. Je pense très souvent à ces parents.

Quelle que soit votre situation, je vous propose d'épouser ce concept de répit parental, qui me semble vital. Vous pouvez compter sur l'aide publique, mais aussi sur des personnes de votre entourage proche, en qui vous avez confiance. Allez, je me mets en scène : mon premier post-partum était doux. J'ai cru mourir de fatigue par moments, certes, mais j'ai eu la chance de profiter de ce fameux répit parental, notamment parce que je vivais dans le même immeuble que ma mère à cette époque ! Avec mon mec, nous pouvions déposer notre fils pour aller déjeuner, ou le temps de sa sieste. Une fois par semaine, on le laissait une nuit à sa grand-mère. Ces respirations m'ont fait le plus grand bien.

Vous l'aurez deviné, je crois beaucoup en cette notion de répit parental, et sans aucune culpabilité, car chaque fois que l'on retrouve son enfant, une joie folle nous habite, et il est vraiment le premier à en bénéficier. En sus, c'est bon pour lui : il tisse des liens particuliers et forts avec les personnes à qui on le confie. C'est une chance !

Généralement, on dépasse le sentiment de culpabilité qui nous étreint après deux ou trois expériences de répit parental. Il nous faut aussi surmonter la peur de laisser son bébé. Pour oser, voyez cela comme un exercice, une mission, si toutefois vous voulez tester !

Dépasser le tabou du regret maternel

L'ambivalence est fréquente en post-partum : on est heureuse, mais notre vie d'avant nous manque. Pour certaines femmes, c'est bien moins nuancé que ça. Il n'est pas question d'ambivalence mais de « regret maternel ». Le regret maternel est tabou dans notre société. Les femmes n'osent pas se livrer à ce sujet. Elles se sentent honteuses, craignent de passer pour une mère qui n'aime pas son enfant… Alors que justement, il ne s'agit pas de ça ! On ne regrette pas le bébé, parce que le bébé, on l'aime. Ce que l'on regrette, c'est le package qui va avec. C'est le fait de ne plus pouvoir mener sa vie comme on l'entend, de faire face à de nouvelles contraintes, de devoir mettre son boulot entre parenthèses, de ne plus se sentir libre… N'est-ce pas compréhensible et recevable ? Bien sûr que si !

Si vous ressentez du regret :

- ***Dites-vous que c'est bien plus fréquent qu'il n'y paraît.*** Prendre conscience que l'on est plusieurs dans le même bateau légitime nos émotions et notre vécu.

- ***Essayez d'en parler***, mais choisissez bien votre interlocuteur. On les connaît, les personnes ultra-culpabilisantes ou qui manquent de finesse d'esprit… Considérez votre regret comme un secret que vous ne révélerez qu'à ceux en qui vous avez confiance.

Si vous préférez vous livrer à une amie plutôt qu'à votre conjoint, vous pouvez ! Pitié, pas de culpabilité. C'est à vous de sentir à qui, et comment, vous voulez vous confier.

Attention : quand le regret maternel fait souffrir

Je dis du regret maternel qu'il n'est pas grave. Toutefois, quand il est source de souffrance, c'est différent. En plus d'être invivable, il peut virer à la dépression ou aux troubles anxieux. Je ne peux que vous conseiller de consulter si :

- vous vous sentez envahie par ce sentiment, qu'il vous pèse, que vous culpabilisez et ruminez, que vous vous isolez… ;
- le lien avec votre bébé ne se met pas en place, ou est altéré. Pas de panique, ça se résorbe. Un psychologue ou un psychiatre vous aidera. Il est toujours temps ;
- vous ne parvenez plus à mener normalement vos activités de la vie quotidienne (manger, dormir…).

Semaine 1

Semaine du au

Lundi ☺ 😐 ☹
Mardi ☺ 😐 ☹
Mercredi ☺ 😐 ☹
Jeudi ☺ 😐 ☹
Vendredi ☺ 😐 ☹
Samedi ☺ 😐 ☹
Dimanche ☺ 😐 ☹

Mes rendez-vous importants

-
-
-
-

Cette semaine, je me sens...

Le souvenir avec mon bébé que je veux garder

Mon sommeil se porte...

Pensez-vous à noter les « premières fois » de votre enfant ? Personnellement, je regrette de ne pas l'avoir fait. Ses premiers mots, ses premiers pas, ses premiers sourires, ses premières purées... Une date et quelques mots pour le souvenir !

Semaine 2

Semaine du au

Lundi .... 😀 😐 😠

Mardi .... 😀 😐 😠

Mercredi .... 😀 😐 😠

Jeudi .... 😀 😐 😠

Vendredi .... 😀 😐 😠

Samedi .... 😀 😐 😠

Dimanche .... 😀 😐 😠

Mes rendez-vous importants

-
-
-
-

Cette semaine, je me sens...

Le souvenir avec mon bébé que je veux garder

....

....

....

....

....

....

....

....

....

Mon sommeil se porte...

Vous avez le droit de dire NON ! Vous ne voulez pas sortir ? Ne pas voir telle ou telle tronche ? Ne pas participer à cette cousinade durant laquelle votre bébé sera observé, épié, sursollicité ? Vous dites NON. En post-partum, c'est d'autant plus important pour prendre soin de sa santé mentale.

semaine 3

Semaine du au

Lundi .... 😊 😐 😠

Mardi .... 😊 😐 😠

Mercredi .... 😊 😐 😠

Jeudi .... 😊 😐 😠

Vendredi .... 😊 😐 😠

Samedi .... 😊 😐 😠

Dimanche .... 😊 😐 😠

Mes rendez-vous importants

-
-
-
-

Cette semaine, je me sens...

Le souvenir avec mon bébé que je veux garder

Mon sommeil se porte...

Vous ne m'avez rien demandé, mais moi, j'aime bien partager mes trois gros records de sage-femme :

- Le plus gros bébé accouché : 5,480 kg !
- Ma patiente la plus âgée, soi-disant ménopausée : 51 ans !
- Le nombre d'enfants pour une seule et même femme : 13 !

Semaine 4

Semaine du au

Lundi ....
Mardi ....
Mercredi ....
Jeudi ....
Vendredi ....
Samedi ....
Dimanche ....

Mes rendez-vous importants

-
-
-
-

Cette semaine, je me sens...

Le souvenir avec mon bébé que je veux garder

....

....

....

....

....

....

....

....

....

Mon sommeil se porte...

Vous avez remarqué que la parentalité aidait à relativiser les petits tracas du quotidien ? On priorise beaucoup plus, et beaucoup mieux. Je dirais même que les mères sont très « balec » ! Ce terme caractérise vraiment la maternité. Vous n'avez pas encore adopté cette expression ? Pensez-y. Balec.

MES *infos* ET ASTUCES

De l'importance de l'autopalpation

L'autopalpation mammaire contribue au dépistage du cancer du sein. On la réalise une fois par mois, toujours à la même date (dans la semaine qui suit ses règles, et, si on n'a pas de règles, on se fixe un jour). Rassurez-vous : « sentir quelque chose » ne veut pas dire qu'il y a gravité, mais qu'il faut consulter. De plus, ne rien détecter à l'autopalpation n'empêche pas de consulter son gynécologue régulièrement.

Comment pratiquer l'autopalpation :

- Commencez par observer. Est-ce qu'il y a une bosse ? Une ride (comme si la peau était attirée à l'intérieur) ? Un mamelon rétracté ou à la couleur différente de l'autre (ou de d'habitude) ? De la peau d'orange ? Un écoulement du mamelon ? Un sein plus gros que l'autre alors que ce n'était pas le cas il y a peu de temps ?

- Passez à « l'examen » en touchant votre sein avec trois doigts (tandis que vous levez le bras du sein palpé). Circulez cadran par cadran. Sentez-vous une boule ? Quelque chose de suspect ?

- Pour finir, vérifiez sous l'aisselle et au niveau de la clavicule : sentez-vous des ganglions ?

L'hydratation, c'est la vie !

Notre corps est composé à 60 % d'eau. Pensez à boire à longueur de journée (c'est d'autant plus important quand on allaite) et n'attendez pas d'avoir soif. Avoir soif, c'est déjà être déshydraté[1].

Pour connaître vos besoins en eau, vous pouvez consulter le Vidal (sur Internet) et sa page « De l'eau pour vivre ».

Sages-femmes et maïeuticiens

Au 1er janvier 2023, on comptait en France 24 354 sages-femmes dont 2,8 % d'hommes. 57 % sont salariés à l'hôpital, 25 % en libéral, 10 % en exercice mixte et 8 % classés « autres[2] ».

La méditation de pleine conscience

Mon nouveau dada ! La méditation de pleine conscience pour moins… paniquer. Elle consiste à prendre un temps pour soi, de quelques minutes, durant lequel tout notre esprit se focalise sur notre respiration. Cet exercice amène à se connecter à l'instant présent. Au départ, il n'est pas évident de pratiquer seule. N'hésitez pas à utiliser une application pour vous guider. Vous verrez, à force, on développe un nouveau pouvoir, celui d'être là, ici et maintenant. C'est génial ! Un coup de stress ? Une appréhension quelconque ? Des ruminations quant au passé, ou des projections négatives autour d'un rendez-vous à venir ? On respire un grand coup et notre esprit, parce qu'il est entraîné, se concentre sur notre souffle et chasse nos mille et une pensées envahissantes et déstabilisantes. Pour en savoir plus, je ne peux que vous conseiller de lire *Méditer, jour après jour* de Christophe André (L'Iconoclaste, 2011).

1 www.mangerbouger.fr/manger-mieux/bien-manger-sans-se-ruiner/bien-manger-en-preservant-la-planete-sans-se-ruiner-c-est-possible/l-eau-indispensable-a-notre-sante-conseils-et-astuces-pour-s-hydrater

2 ASIP-Santé RPPS, traitements DREES, données au 1er janvier 2023.

Mois 9

Un mot sur le baby clash

Le baby clash ? C'est le clash ou la somme des clashs que peut connaître le couple à la naissance de l'enfant. Et n'allez pas penser que j'exagère en disant « vive le baby clash ! », mais je le pense (presque) ! À tel point que mon livre sur le sujet[1] a failli porter le titre de « Bienheureux baby clash ». Car le baby clash — hors situations de violence, trahisons… on s'entend — est une chance. Il est une occasion pour le couple de passer un palier supplémentaire dans la force et la profondeur de sa relation, et de mieux se connaître (on n'en finit jamais de mieux se connaître). Alors oui, ça va tanguer, oui, vous allez manquer de sommeil et vous prendre le bec, oui, vous allez devoir vous battre concernant la répartition des tâches, oui, vous allez avoir le sentiment de vous perdre de vue… mais votre couple, dans ces batailles, va évoluer. N'ayez pas peur du baby clash. Affrontez-le et regardez-le comme une opportunité (voir page 214). Si vous n'arrivez plus à communiquer, rien n'est perdu pour autant : consultez.

Si vous avez envie de vous confier à des proches quant à vos (petits ou gros) problèmes de couple depuis la naissance de votre enfant, allez-y ! Parce que ça fait du bien, et parce qu'on s'aperçoit vite que nous sommes nombreux à en passer par là (les autres sont des menteurs, franchement, ou alors ils se gardent bien de nous livrer le mode d'emploi de l'amour parfait !). Au passage, en vous épanchant, vous glanerez quelques infos et solutions de la part de vos amis qui ont connu le clash, et vous prendrez sans doute conscience qu'il est chouette de se donner pour son couple. C'est une belle mission !

Un désir sexuel moyen-moyen (ou pas là du tout)

On ne ressent pas le feu du sexe trois jours après l'accouchement (ça arrive, mais c'est rare). Sachez que le désir sexuel fluctue tout au long de la vie, et dépend d'un tas de facteurs. En post-partum, il peut être altéré. Normal ! Vous avez la tête à autre chose et le corps en pleine reconstruction. Il vient d'en passer par une grossesse (plus ou moins bien vécue), un accouchement (plus ou moins bien vécu), et maintenant il bosse à retrouver son équilibre. Ne vous inquiétez pas. N'attendez pas de votre corps qu'il frissonne à la moindre vision de votre partenaire en slip. Soyez indulgente et bienveillante.

Si, au bout de plusieurs mois, votre absence de désir sexuel vous tracasse grandement, discutez avec un médecin, un médecin sexologue ou une sage-femme.

L'allaitement impacte-t-il le désir sexuel ?

C'est la Leche League qui le dit : « La mère allaitante a un taux élevé de prolactine et une inhibition de la sécrétion d'œstrogène, de progestérone et de testostérone, souvent pendant une longue période. Chez certaines femmes, la montée du désir sexuel est plus lente et moins intense, et la lubrification moins abondante. La plupart de ces problèmes disparaissent avec le retour de couches ».

1 Anna Roy, *Baby clash, devenir parents sans s'étriper !*, Larousse, 2024.

Les compléments alimentaires

Des compléments alimentaires pour péter le feu en post-partum ? Pourquoi pas… Mais que je vous dise :

- Aucun comprimé de je-ne-sais-quoi ne saura remplacer une alimentation équilibrée, un bon sommeil ou une activité physique régulière, et aucune gomme ne viendra compenser les effets du tabac ou de l'alcool. Le meilleur complément alimentaire : votre hygiène de vie.

- Les compléments alimentaires ont l'air simples d'utilisation. Or, faire des mélanges soi-même, avaler des vitamines sans trop savoir si on en a besoin… bof. L'Agence nationale de sécurité sanitaire de l'alimentation, de l'environnement et du travail (ANSES[1]) « attire particulièrement l'attention des professionnels de santé sur l'importance de ne pas cumuler les sources de vitamines et minéraux sans suivi biologique régulier ».

- Si votre corps n'en a pas besoin, les compléments alimentaires finissent en pipi. Franchement, ça fait cher le pipi !

- Enfin, les compléments alimentaires ne sont pas des médicaments, car considérés comme des « denrées alimentaires » par le ministère de la Santé. Pas un médicament = pas d'efficacité (prouvée).

La marche à suivre avec les compléments !

Si je crois peu au fait de venir « compléter son alimentation » (autant manger, vous m'avez suivie), on peut être amenée à se supplémenter (on parle alors de supplémentation) en vitamines et en minéraux, en cas de carences (en vitamine D, en vitamine B9, en zinc, en magnésium, en vitamine C, en iode, en vitamine B9 ou que sais-je).
La solution : identifier ce dont vous avez besoin avec votre médecin.

En cas d'allaitement, vérifiez rigoureusement que c'est compatible. Idem enceinte : pendant la grossesse, on ne joue pas les apprenties sorcières en avalant n'importe quoi !

1 7 juin 2017, www.anses.fr/fr/content/compléments-alimentaires-et-grossesse-l'anses-recommande-d'éviter-la-multiplication-des

Semaine 1

Semaine du au

Lundi .... 😄 😐 😠

Mardi .... 😄 😐 😠

Mercredi .... 😄 😐 😠

Jeudi .... 😄 😐 😠

Vendredi .... 😄 😐 😠

Samedi .... 😄 😐 😠

Dimanche .... 😄 😐 😠

Mes rendez-vous importants

-
-
-
-

Cette semaine, je me sens...

Le souvenir avec mon bébé que je veux garder

Mon sommeil se porte...

Vous savez ce qu'on dit ? Neuf mois pour faire un enfant, neuf mois pour s'en remettre ? Pas tout à fait... Vous connaissez mon point de vue, c'est plutôt trois ans ! Mais courage ! Vous avez fait le plus dur.

semaine 2

Semaine du au

Lundi	....	😊	😐	😠
Mardi	....	😊	😐	😠
Mercredi	....	😊	😐	😠
Jeudi	....	😊	😐	😠
Vendredi	....	😊	😐	😠
Samedi	....	😊	😐	😠
Dimanche	....	😊	😐	😠

Mes rendez-vous importants

- ○
- ○
- ○
- ○

Cette semaine, je me sens...

....

....

....

....

....

....

....

Le souvenir avec mon bébé que je veux garder

Mon sommeil se porte...

Au fait ! Ça y est, votre enfant sait qu'il est une personne différente de vous... d'où l'angoisse de séparation. N'hésitez pas à aller glaner des infos supplémentaires sur la question, c'est passionnant.

Semaine 3

Semaine du au

Lundi .... 😊 😐 😠

Mardi .... 😊 😐 😠

Mercredi .... 😊 😐 😠

Jeudi .... 😊 😐 😠

Vendredi .... 😊 😐 😠

Samedi .... 😊 😐 😠

Dimanche .... 😊 😐 😠

Mes rendez-vous importants

- ○
- ○
- ○
- ○

Cette semaine, je me sens...

Le souvenir avec mon bébé que je veux garder

Mon sommeil se porte...

N'oubliez pas ! Les pharmaciens demeurent les premiers interlocuteurs santé. Si vous avez un tracas gynécologique, ou une question au sujet de la santé de votre bébé, vous pouvez les solliciter en attendant de voir un médecin ou une sage-femme. Ils peuvent vous aiguiller.

Semaine 4

Semaine du au

Lundi	....	😊	😐	😠
Mardi	....	😊	😐	😠
Mercredi	....	😊	😐	😠
Jeudi	....	😊	😐	😠
Vendredi	....	😊	😐	😠
Samedi	....	😊	😐	😠
Dimanche	....	😊	😐	😠

Mes rendez-vous importants

-
-
-
-

Cette semaine, je me sens...

Le souvenir avec mon bébé que je veux garder

Mon sommeil se porte...

Le saviez-vous ? Avec la grossesse, on peut prendre une pointure, avoir un plus grand nez... les surprises du chef dont on ne parle jamais ! Et qui perdurent parfois !

MES *infos* ET ASTUCES

Maternité et carrière

Selon une enquête sur la parentalité au travail réalisée par le Conseil supérieur de l'égalité professionnelle en 2018, 84 % des femmes estiment que la maternité a un impact négatif sur leur carrière[1]. On n'a pas le cul sorti des ronces.

Nos chères règles…

Il y a quoi, dans les règles ? Du sang ? Oui, mais pas que. On y trouve aussi des sécrétions vaginales (résidus du microbiote qui a bossé à protéger notre intimité), des sécrétions cervicales (du col de l'utérus), des cellules souches (qui pourraient réparer de graves problèmes de santé), et l'ovule qui n'a pas été fécondé (ne le cherchez pas, il mesurerait 0,1 millimètre).

1 www.egalite-femmes-hommes.gouv.fr/prise-en-compte-de-la-parentalite-dans-la-vie-au-travail

Du plaisir !

Quelques livres sur la sexualité, qui ouvrent l'esprit et proposent de partir à la recherche de son plaisir :

- *Les Mots du Q : manifeste joyeux des sexualités*
  de Camille Aumont Carnel (Le Robert, 2023)
- *Je jouis comme je suis*
  d'Emily Nagoski (Leduc, 2021)
  Les Révolutions de l'orgasme
  de Magali Croset-Calisto (Éditions de l'Observatoire, 2022)
- *Corps, amour, sexualité : y'a pas d'âge pour se poser des questions !*
  de Charline Vermont (Albin Michel, 2023)

Que se passe-t-il dans le cerveau des parents ?

Le cerveau des mères, mais aussi des pères, se transforme et se réorganise à la naissance d'un enfant, dans le but d'assurer sa survie. Un sujet qui me passionne, et que vous pouvez découvrir en plongeant dans ces deux ouvrages :

- *Dans le cerveau des mamans*
  des docteurs Lucie Joly et Hugo Bottemanne (Éditions du Rocher, 2022)
- *Mommy brain*
  de la neuroscientifique Jodi Pawluski (Larousse, 2022)

10 Mois

Faites vos comptes !

Les finances, voilà (encore) un sujet dont on ne parle pas ou peu en post-partum. Pourtant, avoir un enfant impacte plus ou moins fortement les finances. Vous allez me dire : vous vous prenez pour une experte-comptable maintenant ? Non, je ne me permettrais pas, mais j'ai quand même un conseil à vous donner, celui de faire des choix conscients quant aux dépenses que vous engagez pour votre enfant, et voir si vous ne pouvez pas dégager une partie de ces dépenses pour votre plaisir et votre bonheur à vous… Vous connaissez mon obsession : parents heureux = enfants heureux !

Santé mentale : pas besoin d'être fou pour aller voir un psy

Je m'énerve beaucoup à ce sujet mais j'ai raison ! On croit à tort qu'il faut être touché de troubles psychiques costauds pour se rendre chez un psy. Aussi, on imagine de suite la consultation comme un drôle de moment sur divan, le tout rythmé de… silences. Alors non ! En fait :

1. ***Tout le monde peut aller voir un psy*** et certains causent (tout dépend des approches, du courant). Et ils ont des fauteuils et des chaises !

2. ***N'hésitez pas.*** Il n'y a pas de « bons motifs » de consultation, pas besoin d'aller très mal, de pleurer tout le temps ou de faire des crises d'angoisse. On peut consulter parce qu'on se pose des questions sur soi ou l'existence, parce qu'on est épuisée, parce qu'on veut mieux se connaître…

3. ***Si certains psys vous paraissent « à côté de la plaque »***, c'est parce que ce sont des humains comme les autres (comme nous, donc). Et puis, aucun problème : si on n'est pas à l'aise, on va voir ailleurs.

4. ***Enfin, attention, tous les psys ne sont pas branchés « santé mentale*** des femmes en post-partum » si je puis dire. N'hésitez pas à demander des recommandations autour de vous.

Reconnaître un épisode dépressif

Pour rappel, « lors d'un épisode dépressif, la personne se plaint d'au moins cinq des symptômes suivants :

- ***une tristesse constante***, une humeur dépressive qui dure presque toute la journée et qui se répète pratiquement tous les jours depuis au moins deux semaines. Elle peut s'accompagner de pleurs. La personne se sent triste, vidée, sans espoir ;

- ***un abattement et une perte d'intérêt*** et de plaisir pour des activités du quotidien et aussi pour les activités habituellement agréables. Cette diminution de l'intérêt dure toute la journée et survient presque tous les jours ;

- ***une modification du poids*** d'au moins 5 % en un mois : gain de poids ou au contraire perte de l'appétit qui peut entraîner un amaigrissement ;

- ***une dégradation du sommeil.*** Il devient peu réparateur, souvent trop court avec des réveils précoces, des insomnies, ou au contraire un besoin de dormir longtemps avec des hypersomnies ;

- ***une agitation*** ou au contraire un ralentissement psychomoteur ;

- ***une réduction de l'énergie ou une fatigabilité anormale***. La personne souffre d'une fatigue intense, souvent dès le matin, et a l'impression de manquer d'énergie en permanence. Cette fatigue n'est pas améliorée par le repos ou le sommeil ;

- ***une dévalorisation de soi***, une perte de confiance en soi et d'estime de soi, un sentiment d'inutilité et de dévalorisation, ainsi qu'une culpabilité excessive et injustifiée ;

- ***une diminution de la capacité à penser***, à se concentrer, à décider, à être attentif et à mémoriser ;

- ***une vision du futur et de la vie très négative*** avec des perspectives pessimistes et des pensées autour de la mort en général, et parfois autour du suicide[1] ».

Les hommes aussi sont les bienvenus chez le psy

Seuls 25 % des hommes auraient déjà consulté un psy, contre 35 % des femmes[2]. Parce qu'ils en ont « moins besoin » ? Peut-être, mais peut-être pas. Le Baromètre santé établi en 2021 par Santé publique France montre que 15,6 % des femmes et 9,3 % des hommes ont connu un épisode dépressif caractérisé au cours des douze mois précédant l'enquête. Moins d'hommes, certes, mais pas tant... Et s'il était question de masculinité toxique et d'hommes qui n'osent pas, plutôt ? (Je fais mine de ne pas avoir la réponse, vous en conviendrez.)

---

1 « Dépression : symptômes, diagnostic et évolution » sur ameli.fr, 27 novembre 2023.

2 Étude réalisée en ligne par l'institut YouGov France pour *Psychologies* du 14 au 15 juin 2017 auprès d'un échantillon de 1 001 personnes représentatives de la population française de 18 ans et plus, selon la méthode des quotas.

semaine 1

Semaine du au

Lundi ....

Mardi ....

Mercredi ....

Jeudi ....

Vendredi ....

Samedi ....

Dimanche ....

Mes rendez-vous importants

-
-
-
-

Cette semaine, je me sens...

Le souvenir avec mon bébé que je veux garder

Mon sommeil se porte...

Quand les disputes de couple se multiplient à la naissance d'un enfant, n'allons pas croire que l'enfant y est pour quelque chose. Il ne fait que mettre en lumière certains sujets épineux que l'on fourrait rapido sous le tapis avant... En arrivant, l'enfant, ce bougre, vole le tapis. On voit tout et ça pète.

Semaine 2

Semaine du au

Lundi	....	☺	😐	☹
Mardi	....	☺	😐	☹
Mercredi	....	☺	😐	☹
Jeudi	....	☺	😐	☹
Vendredi	....	☺	😐	☹
Samedi	....	☺	😐	☹
Dimanche	....	☺	😐	☹

Mes rendez-vous importants

- ○
- ○
- ○
- ○

Cette semaine, je me sens...

Le souvenir avec mon bébé que je veux garder

Mon sommeil se porte...

L'endométriose est une maladie gynécologique inflammatoire chronique qui touche une femme sur dix[1]. Si vos règles sont revenues, qu'elles sont douloureuses et que les antalgiques ne vous soulagent pas, consultez.

1 Ministère de l'Enseignement supérieur et de la Recherche, « Endométriose : point sur les avancées de la recherche », 2023, www.enseignementsup-recherche.gouv.fr/fr/endometriose-point-sur-les-avancees-de-la-recherche-90002

semaine 3

Semaine du au

Lundi ....
Mardi ....
Mercredi ....
Jeudi ....
Vendredi ....
Samedi ....
Dimanche ....

Mes rendez-vous importants

-
-
-
-

Cette semaine, je me sens...

Le souvenir avec mon bébé que je veux garder

Mon sommeil se porte...

Une fois la rééducation périnéale terminée, n'oubliez pas d'entretenir votre périnée. Vous pouvez réaliser ces exercices : 25 contractions rapides dans 3 positions (allongée, debout, assise), puis 20 contractions lentes, toujours dans les 3 positions. Soit une fois par semaine, soit un peu tous les jours.

Semaine 4

Semaine du au

Lundi ....

Mardi ....

Mercredi ....

Jeudi ....

Vendredi ....

Samedi ....

Dimanche ....

Mes rendez-vous importants

-
-
-
-

Cette semaine, je me sens...

Le souvenir avec mon bébé que je veux garder

Mon sommeil se porte…

En post-partum, on laisse parfois quelques amis au bord de la route, et plus le temps passe, moins on ose les rappeler. Faites-le ! Si des amis vous manquent, reprenez contact. Renouer avec des personnes qui nous sont précieuses est soulageant et salvateur. Et c'est la promesse de bons moments !

MES *infos* ET ASTUCES

Mieux connaître son intimité, la base !

La grossesse et le post-partum invitent bien souvent à découvrir son corps et son intimité. Combien de mes patientes entendent pour la première fois parler de périnée ou de microbiote vaginal, et découvrent du même coup le déroulement d'un cycle menstruel, les bons gestes d'hygiène intime, ou encore les liens intimes entre le vagin et le clitoris, bien plus complices qu'ils n'en ont l'air quand il s'agit de prendre du plaisir ?

Voici quelques ouvrages précis et accessibles sur le sexe féminin et ses secrets :

- *C'est mon corps*
  de Martin Winckler (L'Iconoclaste, 2020)
- *Le Microbiote vaginal ; la révolution rose*
  du docteur Jean-Marc Bohbot et Rica Étienne (Marabout, 2018)
- *Les Joies d'en bas*
  de Nina Brochmann et Ellen Støkken Dahl (Actes Sud, 2021)
- *Chouchoutez votre vagin*
  du docteur Patrick Papazian et Caroline Michel (Larousse, 2019)

Les naissances en France

En 2022, 726 000 bébés sont nés en France, soit 2,2 % de moins qu'en 2021. C'est le nombre de naissances le plus faible depuis la fin de la Seconde Guerre mondiale[1]. D'où l'histoire du fameux « réarmement démographique » de notre président…

C'est remboursé !

Plusieurs marques de préservatifs (masculins comme féminins) sont remboursés dès lors qu'ils vous sont prescrits sur ordonnance, et ils sont gratuits pour les jeunes de moins de 26 ans depuis le 1er janvier 2023. J'en profite pour vous rappeler que, depuis la même date, la contraception d'urgence hormonale (« pilule du lendemain » ou « pilule de contraception d'urgence ») est disponible gratuitement en pharmacie pour toutes les femmes, mineures ou majeures, sans prescription médicale.

Ça coûte combien, un enfant ? Cher !

La dépense moyenne par enfant est de… 9 000 euros par an (7 500 euros par enfant de moins de 14 ans et 12 500 euros par enfant de 14 ans et plus). Donc ? La dépense moyenne engagée par les parents pour amener un enfant à ses 20 ans s'élève à environ 180 000 euros[2]. Vertigineux.

Que je vous dise quelque chose, quand même, de possiblement utile : ne vous précipitiez pas sur tous les gadgets à la mode. C'est coûteux et pas toujours utile, pour ne pas dire jamais !

1 Insee Focus, n° 307, paru le 28 septembre 2023.

2 Antoine Math, « Coût des enfants et politiques publiques : Quelques enseignements d'une évaluation des dépenses consacrées par la société aux enfants », *La Revue de l'IRES*, décembre 2014, vol. 4, n° 83, pages 87-113.

11 Mois

Le burn out parental

Le burn out parental est un syndrome qui touche les parents exposés à un stress chronique dans leur rôle de parents, de la même façon que le burn out professionnel est synonyme de stress au travail.

Les symptômes :

- ***L'épuisement psychique***, lié à sa vie de parent. On est vidé, on n'arrive plus à réfléchir tant on se sent « débordé » par nos missions de parent.

- ***L'épuisement physique***. On est à bout. Notre santé peut en prendre un coup : davantage d'infections récurrentes, difficulté à nous lever le matin…

- ***L'absence de plaisir à s'occuper de ses enfants***. Tout n'est que contrainte, désagrément. L'enfant est vu comme un poids.

- ***La distanciation affective*** avec ses enfants. C'est douloureux. On n'a plus d'énergie pour leur prêter attention, les aimer, les câliner. On n'arrive plus à s'impliquer, même si on gère correctement le strict minimum (bain, alimentation, rendez-vous pédiatre).

Comment distinguer le burn out parental de la dépression du post-partum ?

Le concept de burn out parental est assez récent — si je peux appeler ça un concept. Résultat, on dispose de peu d'infos solides, si bien qu'il n'est pas simple de le distinguer de la dépression du post-partum. Les symptômes sont assez proches. Mais voici quand même trois points divergents, selon moi :

- Le timing : le burn out survient souvent après la première année de l'enfant, la dépression avant.

- Le « déploiement » : la dépression a tendance à affecter tous les pans de l'existence, alors que, dans le burn out, le malaise est tourné vers la parentalité… Certaines femmes en burn out parental s'épanouissent au travail, par exemple. Mais ce n'est pas toujours le cas.

- La cause : le burn out survient à cause d'un stress, la pression que l'on se met ou que l'on reçoit à devenir un parent parfait… La dépression, souvent, est plutôt liée à une peur de ne pas y arriver, à des pensées très négatives, au fait de ne pas reconnaître sa vie.

Je me sens plus fatiguée qu'au début, c'est normal ?

Je vous rassure : c'est fréquent ! Souvent, les femmes me confient à demi-mot (comme si c'était une faute) qu'elles sont plus fatiguées qu'au début, que c'est beaucoup plus dur maintenant… alors qu'elles devraient être arrivées au bout de quelque chose ! Elles ne comprennent pas !

Que je vous explique : on essaie de vous faire croire que le post-partum est une affaire de quelques mois… or, il dure trois ans ! Rien d'alarmant, donc. Il est normal que vous vous sentiez encore épuisée, voire découragée. Après tout, un marathonien désespère rarement en début de course. C'est plus tard qu'il peut rencontrer un coup de mou. Il en va de même en post-partum. Les premiers mois ont beau être éprouvants, ils donnent de l'élan, ils apportent leur lot de nouveautés, de découvertes… À 11 mois, 12 mois, une certaine routine s'installe et un ras-le-bol peut vous surprendre. C'est passager. Bien sûr, si vous avez le sentiment de couler, consultez !

N'avez-vous jamais remarqué que l'on tombe souvent malade quand les vacances commencent ? On s'autorise à relâcher. Dites-vous que votre fatigue de « fin de post-partum » est le signe que vous arrivez au bout. Maintenant que vous voyez la fin qui approche, vous commencez à vous détendre, et, de fait, la fatigue peut davantage s'installer… Vous ne tenez plus sur les nerfs. Une hypothèse qui tient la route, non ?

Semaine 1

Semaine du au

Lundi

Mardi

Mercredi

Jeudi

Vendredi

Samedi

Dimanche

Mes rendez-vous importants

-
-
-
-

Cette semaine, je me sens...

Le souvenir avec mon bébé que je veux garder

Mon sommeil se porte…

J'encourage les couples à organiser régulièrement des réunions pour faire le point (moral, tâches ménagères, projets, envies…). Une fois par mois ou une fois tous les quinze jours, voilà un bon rythme pour « bien » communiquer et ne pas laisser certains sujets pourrir…

Semaine 2

Semaine du au

Lundi ....

Mardi ....

Mercredi ....

Jeudi ....

Vendredi ....

Samedi ....

Dimanche ....

Mes rendez-vous importants

-
-
-
-

Cette semaine, je me sens...

Le souvenir avec mon bébé que je veux garder

Mon sommeil se porte…

Oups, vous avez eu une fuite ? Vous avez le sentiment que votre périnée, malgré la rééducation, n'est pas au top de sa forme ? Vous pouvez consulter et refaire des séances. C'est tout à fait possible !

semaine 3

Semaine du   au

Lundi	....	😊	😐	😠
Mardi	....	😊	😐	😠
Mercredi	....	😊	😐	😠
Jeudi	....	😊	😐	😠
Vendredi	....	😊	😐	😠
Samedi	....	😊	😐	😠
Dimanche	....	😊	😐	😠

Mes rendez-vous importants

-
-
-
-

Cette semaine, je me sens...

....

....

....

....

....

....

....

Le souvenir avec mon bébé que je veux garder

Mon sommeil se porte…

J'ai une bonne nouvelle : bientôt un an que vous avez accouché… Comment vous sentez-vous ? Faites le point avec vous-même ! Ce qui est chouette, ce qui est dur, ce que vous avez fait dans l'année et ce que vous aimeriez faire l'année prochaine… Ranger ses idées et ses pensées, c'est chouette !

Semaine 4

Semaine du au

Lundi ....

Mardi ....

Mercredi ....

Jeudi ....

Vendredi ....

Samedi ....

Dimanche ....

Mes rendez-vous importants

-
-
-
-

Cette semaine, je me sens...

Le souvenir avec mon bébé que je veux garder

Mon sommeil se porte...

Lorsqu'on devient parent soi-même, on ouvre une fenêtre sur sa propre enfance, son passé... Pour ces raisons, certains traumatismes que l'on pensait classés peuvent ressurgir. Ne pas paniquer : on consulte.

MES *infos* ET ASTUCES

Comprendre le syndrome prémenstruel

Le SPM, tout le monde en parle, mais qu'est-ce que c'est ? C'est le syndrome prémenstruel, qui se manifeste par une série de symptômes physiques et psychiques quelques jours avant les règles (jusqu'à quinze troubles pour certaines !). Fatigue, seins tendus, irritabilité, trouble du sommeil, jambes gonflées, moral compliqué… 20 à 40 % des femmes seraient concernées[1]. Une histoire d'hormones un peu énervées… Si c'est « trop » pour vous, parlez-en avec un pro de la santé. On sait qu'une bonne hygiène de vie peut apaiser cette période parfois compliquée. Moins de caféine, moins d'alcool, un meilleur sommeil... Ces petites habitudes seraient les bienvenues. Des traitements médicamenteux peuvent aussi vous être indiqués. Bref, ne restez pas avec votre SPM et consultez. C'est un sujet très sérieux qui occupe tout de même 50 % de vos mois, donc de votre temps. Si vous voulez en savoir plus, rendez-vous sur le dossier « #PayeTonCycle : C'est quoi le syndrome prémenstruel ? » de l'INSERM.

Stop aux violences sexistes et sexuelles

La sage-femme que je suis connaît malheureusement trop bien le sujet des violences conjugales et/ou sexuelles.

- En cas de violences ou autres difficultés gravissimes et urgentes dans le couple (ou à l'extérieur du couple, comme au travail), appelez le 17 ou écrivez un SMS au 114 (police ou gendarmerie). Il existe également un numéro spécialisé, le 3919 (Violences Femmes Info).

- Enfin, vous pouvez vous signaler en ligne (insérer note de bas de page : Plus d'informations sur https://arretonslesviolences.gouv.fr/besoin-d-aide).

- N'hésitez pas à consulter une sage-femme, un médecin ou un soignant, en ville ou à l'hôpital. Ne confondez pas les conflits dans le couple en post-partum avec des situations graves qui nécessitent votre protection et une intervention d'urgence de la part des autorités.

---

1 « #PayeTonCycle : C'est quoi le syndrome prémenstruel ? », 10 décembre 2021, www.inserm.fr/c-est-quoi/payetoncycle-cest-quoi-le-syndrome-premenstruel/

Le post-partum à l'écran

Voici deux documentaires à voir sur le post-partum, que j'ai adorés. Ils sont justes, ils sont beaux !

- *Un Heureux événement* de Rémi Bezançon (2011) ;
- *Joséphine s'arrondit* de Marilou Berry (2016) ;
- *À la vie* d'Aude Pépin (2019) ;
- *Post-partum* d'Ève Simonet (2022).

Le post-partum en bulles

J'adore les BD, j'en ai même écrit une. En voici deux qui traitent du post-partum :

- *La Remplaçante*
de Sophie Adriansen et Mathou (First, 2021) ;
- *Année zéro*
de Mademoiselle Caroline et moi-même (Delcourt/ Mirages, 2022).

Bienvenue dans la dernière ligne droite... avant les deux prochaines années !

12 Mois

L'heure du bilan et des choix

À mes yeux, ce douzième mois est celui du bilan et des choix. Que je vous explique pourquoi cette idée m'obsède. Elle m'est venue quand mon fils a fait ses premiers pas. Il avait 12 mois, jour pour jour. J'étais remplie d'émotions et je me répétais que c'était dingue, tout ce que ce petit bonhomme avait réalisé en une année. Voilà qu'il arborait une certaine forme d'autonomie. Très vite, je me suis demandé : et toi, Anna, t'as fait quoi ?

J'ai éprouvé une grande tristesse, parce que moi, j'avais le sentiment d'avoir régressé. Ce qui était joie se transformait en désespoir. C'est là que mon mec est intervenu. Il m'a suggéré de faire un vrai point (lui qui n'en a rien à carrer du développement personnel). Et pourquoi pas ? J'ai listé tout ce que j'avais accompli en un an, et je peux vous dire que ça m'a fait un bien fou. Je me suis trouvée forte. J'avais avancé, tout autant que mon fils. Depuis, je propose à toutes mes patientes de réaliser cet exercice.

Le bilan en trois étapes...

1. ***Notez tout ce que vous avez fait*** cette première année. Vous avez accouché, vous avez donné le biberon X fois, vous avez accompagné votre bébé ici et là, vous avez développé une armada de capacités parentales, vous avez découvert un nouvel amour, vous avez peut-être repris le travail… Hallucinant ! Prenez un shoot de gratitude ! Si vous ne voulez pas vous l'avouer, ne pas reconnaître que vous êtes incroyable, moi, je vous le dis : vous êtes incroyable !

2. ***Maintenant, rédigez deux listes.*** Une liste des choses que vous aimez actuellement dans votre vie, et une liste des choses que vous n'aimez pas. Par exemple, moi, je n'aimais pas préparer mon aîné le matin, ça me vidait de mon énergie (et je suis pourtant une matinale). Soyez honnête avec vous-même. Taf, partenaire, rythme…

3. ***Réfléchissez aux axes d'amélioration.*** Qu'est-ce qui peut continuer comme ça, et qu'est-ce que vous ne supportez plus ? Ensuite, étudiez les solutions à votre portée et discutez avec votre partenaire. Pour revenir à ma pomme : mon mec a pris le relais le matin. Lui, ça lui convenait ! Oui, parfois, on s'aperçoit que les choses s'arrangent. La vie est bien faite.

… et les choix

Maintenant, vous allez faire des choix. Enfin, si vous en avez envie et besoin. Pourquoi maintenant ? Parce qu'avant ça, vous êtes un être très mouvant ! En début de post-partum, vos émotions se bousculent tout autant que vos idées (changer de taf, de mec, déménager…). J'ai vu des femmes regretter amèrement certaines décisions prises sur des coups de tête (je ne parle pas d'acheter un nouveau canapé). Bien sûr, parfois, les choix qu'elles font sont très ancrés et le post-partum est le déclic. Mais je maintiens que la prudence est de mise quand on vient juste d'accoucher, ou quand on reprend à peine le boulot. À 12 mois, en revanche, le moment est idéal : votre quotidien est bien huilé, vous connaissez votre enfant, vous naviguez dans une sorte de routine, vous avez eu l'espace et le temps de réfléchir…

Dans les premiers mois qui ont suivi mon accouchement, j'ai ressenti une grande injustice. Je vivais enfin le post-partum et mon expérience m'ouvrait les yeux : c'est donc ça que traversent les femmes ? La sage-femme appliquée et discrète que j'étais se transformait en sage-femme révolutionnaire ! Je voulais tout casser et l'ouvrir, je voulais dénoncer les conditions de l'accouchement et le manque d'aide en suite de couches. Mais je me suis contenue et j'ai laissé mûrir. Après mon bilan, je me suis lancée. De là, je suis devenue la sage-femme engagée que vous connaissez.

Faire le point sur sa santé physique et mentale

Le pro, le perso… Et votre santé ?
Le bilan « santé physique » est primordial. Détaillez votre corps, de votre premier cheveu jusqu'au dernier de vos orteils, comme en première partie. Qu'est-ce qui va, ne va pas ? Est-ce que vous êtes essoufflée ? Est-ce que vous avez mal au dos ? Des douleurs à la… chawawa ? Consultez dans la foulée pour essayer de résoudre les gênes et problèmes identifiés.
Idem avec votre santé mentale. Réalisez un nouvel EPDS (voir page 28), puis sondez-vous : votre sommeil ? Votre moral ? Êtes-vous anxieuse, heureuse ? En cas de souci, consultez.

Semaine 1

Semaine du au

Lundi ....
Mardi ....
Mercredi ....
Jeudi ....
Vendredi ....
Samedi ....
Dimanche ....

Mes rendez-vous importants

- ○
- ○
- ○
- ○

Cette semaine, je me sens...

Le souvenir avec mon bébé que je veux garder

Mon sommeil se porte…

Faire du sport avec son bébé, c'est possible : marche rapide ou course avec la poussette, baby gym, yoga maman bébé, danse… Cherchez, le choix est là !

Semaine 2

Semaine du au

Lundi ....

Mardi ....

Mercredi ....

Jeudi ....

Vendredi ....

Samedi ....

Dimanche ....

Mes rendez-vous importants

-
-
-
-

Cette semaine, je me sens...

....

....

....

....

....

....

....

Le souvenir avec mon bébé que je veux garder

Mon sommeil se porte...

Je dis du post-partum qu'il est une chance car il permet de s'inventer ou de se réinventer. Si vous avez des envies de claquer des portes et de repeindre les murs de votre existence, alors c'est parti !

Semaine 3

Semaine du au

Lundi	☺	😐	☹
Mardi	☺	😐	☹
Mercredi	☺	😐	☹
Jeudi	☺	😐	☹
Vendredi	☺	😐	☹
Samedi	☺	😐	☹
Dimanche	☺	😐	☹

Mes rendez-vous importants

-
-
-
-

Cette semaine, je me sens...

Le souvenir avec mon bébé que je veux garder

Mon sommeil se porte...

À méditer :

« Le métier des parents, c'est de savoir se séparer de ses enfants. »

Marcel Rufo

Semaine 4

Semaine du au

Lundi .... 😊 😐 😠

Mardi .... 😊 😐 😠

Mercredi .... 😊 😐 😠

Jeudi .... 😊 😐 😠

Vendredi .... 😊 😐 😠

Samedi .... 😊 😐 😠

Dimanche .... 😊 😐 😠

Mes rendez-vous importants

- ○
- ○
- ○
- ○

Cette semaine, je me sens...

Le souvenir avec mon bébé que je veux garder

Mon sommeil se porte...

Les femmes font trop de sacrifices et ça me rend dingo. Mon nouveau mot d'ordre : devenez égoïste, pensez à vous, racontez des salades s'il le faut, échappez-vous si vous en avez besoin... Bref, faites de vous-même une priorité ! Rappelez-vous toujours ce mantra : parents heureux = bébés heureux.

MES *infos* ET ASTUCES

Aider son couple

En cas de problème de couple, n'hésitez pas à faire entrer un tiers dans la boucle (pas dans votre vie, hein !). Conseillers conjugaux, thérapeutes de couple, psychiatres, psychologues, médiateurs familiaux… Ces professionnels sont là pour vous aider.

Les enfants et les écrans

Pas d'écran avant 3 ans[1], on le sait. Une exposition excessive dès le plus jeune âge pourrait être associée à des troubles de la mémoire, du sommeil, de l'attention[2]… J'aime aussi dire à mes patientes, pour les encourager à ranger leur téléphone et à éteindre la télé en présence de leurs enfants, qu'il n'est pas très « poli » de jeter un œil aux écrans quand on est en famille. Attendez d'être seule pour scroller à l'infini…

1 https://jeprotegemonenfant.gouv.fr/

2 Selon l'ANSES (Agence nationale de sécurité sanitaire) : www.santepubliquefrance.fr/content/download/119542/file/152000_guide-parents-unaf-enfants-et-ecrans.pdf

Éducation positive ou pas positive ?

La question se pose. « Positive » ou pas, l'éducation ? Et puis, ça veut dire quoi, à la fin ? Ça existe, « l'éducation négative » ? Aujourd'hui, deux clans s'opposent, si je puis dire : Catherine Gueguen et Héloïse Junier face à Caroline Goldman. La meilleure des choses à faire ? Vous renseigner et lire leurs ouvrages, pour vous forger un point de vue !

- *File dans ta chambre*
  de Caroline Goldman
  (Dunod, 2023)
- *Pourquoi ?*
  de Caroline Goldman
  (Dunod, 2023)
- *Pour ou contre ? Les grands débats de la petite enfance à la lumière des connaissances scientifiques*
  d'Héloïse Junier
  (Dunod, 2021)
- *Lettre à un jeune parent*
  de Catherine Gueguen
  (Les Arènes, 2020)

Le post-partum dure… trois ans

Pour terminer cette année, je ne peux que vous rappeler que… le post-partum dure trois ans. Ça, c'est de l'info ! Mais promis, le plus gros est fait. Maintenant, deux nouvelles années s'ouvrent à vous, riches et merveilleuses… Mais je ne vais pas vous quitter comme ça ! J'ai encore beaucoup de choses à vous dire sur vous, votre couple, et tout ce que vous pouvez mettre en place pour prendre soin de vous aujourd'hui, et qui vous permettra d'aborder les vingt-quatre prochains mois le plus sereinement possible. Rendez-vous à la page suivante pour la partie *Feel good* !

Feel good

Bienvenue dans la partie *feel good* !
La fin de ce cahier n'a qu'un objectif : vous faire du bien. En post-partum, les notions de plaisir, de temps pour soi et de soin de soi sont essentielles. Voyez ce que vous venez de traverser ! Dois-je le répéter ? Vous avez accouché. C'est complètement dingue. Un effort sportif de haut niveau, une tempête émotionnelle comme on en connaît rarement... Plus le fait de devenir parent, ça aussi, c'est complètement fou ! Votre vie est totalement chamboulée.

En début de carnet, nous avons discuté de votre corps (un peu secoué, ou beaucoup secoué), et de votre tête, qui cherche peut-être le Nord ! Mais l'arrivée d'un enfant n'est pas seulement synonyme de baby blues et d'hémorroïdes. Elle dessine un nouveau quotidien ! Tous les pans de votre existence évoluent. Bien sûr, vous pouvez rester maîtresse de cette évolution. Allons-y !

De quoi allons-nous parler ?

Poids et alimentation

On va parler des kilos de grossesse et des bons réflexes alimentaires en post-partum. Pour une belle relation avec votre corps !

Sport et activité physique

Le mouvement, c'est la vie. Mais encore faut-il trouver le sport qui nous plaît. Des conseils et des idées !

Couple

Ah, le couple… Il se renforce avec l'arrivée d'un enfant, mais n'est pas à l'abri de traverser quelques épreuves. Plein de conseils pour s'aimer et surmonter le (bienheureux) baby clash.

Sexualité

Quand reprendre les rapports sexuels ? Comment appréhender les douleurs ? On fait le point.

Travail

Reprendre le travail, ce n'est pas juste préparer son sac et sa gamelle, et hop… En post-partum, notre rapport au travail est susceptible de changer (pour notre bien).

Bien-être

Ce qui m'importe ? Que vous preniez soin de vous au quotidien et que vous pensiez à vous. Pas simple ? On va voir que si.

PERDRE DU POIDS, LE GRAND SUJET !

Quand et comment vais-je perdre les kilos pris pendant la grossesse ? La question revient souvent. J'aimerais vous proposer une recette magique, une sorte de potage miracle à gober, mais bon… Ne rêvons pas. Toutefois, j'ai un paquet de choses à vous dire pour vous guider et voir ces kilos *made in grossesse* s'envoler.

> Avant d'espérer perdre vite et bien, rappelez-vous que vos kilos ont été pris... en neuf mois. Déloger la totalité en trois jours est un peu utopique, même si une grosse partie va vite disparaître, vous allez voir !

Les premiers jours : 5 à 8 kilos qui s'envolent !

Le jour de l'accouchement, et en post-partum immédiat, la perte de poids est assez spectaculaire. Vous perdez entre 5 et 8 kilos, la balance en témoigne ! Comment est-ce possible ?

- ***Ciao le poids du bébé*** (3,2 kg en moyenne).
- ***Ciao le placenta*** (entre 500 et 800 g).
- ***Ciao le liquide amniotique*** (entre 800 g et 1 kg).
- ***Ciao le surplus de sang :*** enceinte, le volume sanguin augmente (jusqu'à 1,5 kg) pour satisfaire les besoins en oxygène du placenta.
- ***Ciao un bon nombre de calories***, étant donné l'effort sportif !
- ***Ciao la flotte…*** Oui, en fin de grossesse, on gonfle ! On fait de la rétention d'eau, qui peut se traduire par des œdèmes aux mains, aux jambes… Ultra-banal. Donc ? Quand on accouche, on fait pipi des litrons ! On appelle ça la « débâcle urinaire ».
- ***Ciao le stockage de graisses :*** lors de l'accouchement, on connaît une inversion de l'état hormonal. Enceinte, on a stocké du gras en prévision de l'allaitement. Quand on accouche, on libère les graisses en allaitant, ou bien elles disparaissent si on n'allaite pas.
- ***Ciao la pastèque utérine*** (pas moins d'1 kg !). L'utérus commence à se contracter pour retrouver sa taille initiale (celle d'une clémentine corse) et son poids de base (50 g). Dès le lendemain de l'accouchement, il prend déjà la forme d'un melon.

Déloger les kilos « en trop »

Maintenant qu'on a perdu « l'essentiel », certains kilos demeurent ! Si vous avez envie de les perdre (c'est vous qui voyez : comment vous sentez-vous ?), voici ce que je peux vous dire pour vous guider.

CE QUI FAVORISE L'AMAIGRISSEMENT

Il n'existe donc aucune solution miracle pour perdre du poids, mais… ce n'est pas impossible. Voici ce qui peut vous aider :

1. ***L'allaitement.*** Quand on allaite, on produit entre 50 cl et 1 litre de lait par jour, qui est gras.

2. ***L'activité physique.*** Elle est fondamentale. D'ailleurs, beaucoup de femmes perdent plus spontanément quand elles reprennent le travail, seulement parce qu'elles s'agitent davantage.

3. ***Le sommeil.*** Oui, il joue un rôle ! Moins on dort, plus on risque de freiner sa perte de poids (c'est hormonal). Que je vous rassure tout de même : parfois, on observe l'inverse. Moins de sommeil coupe l'appétit… Mais bon, chez la plupart d'entre nous, la fatigue entraîne des fringales.

4. ***Une alimentation équilibrée.*** Évidemment ! Nous en parlons dans un instant, page suivante !

ÇA TRAÎNE… DE QUOI DÉPEND LA PERTE DE POIDS ?

- ***De notre métabolisme.*** Un métabolisme élevé facilite la perte de poids. Je caricature, mais certaines personnes brûlent des calories en restant assises sur une chaise, d'autres doivent enfiler leurs chaussures de running…

- ***De notre âge.*** Injuste ou pas, on perd plus aisément à 25 ans qu'à 45.

- ***De nos kilos pris.*** C'est logique et mathématique : plus on prend pendant la grossesse, plus on a à perdre.

- ***De notre état psychique.*** La dépression du post-partum, par exemple, peut altérer la façon de s'alimenter, dans un sens ou dans l'autre. J'ai dépisté des dépressions comme ça !

Si vous en avez ras la casquette de ces kilos indécrottables, consultez une sage-femme, un médecin, un professionnel de la nutrition… ou un psy. Dans notre pays, malheureusement, on oublie de discuter de notre rapport au corps et à l'alimentation, qui pèse bien souvent dans la balance.

BIEN MANGER EN POST-PARTUM

Le sujet de l'alimentation pourrait remplir un bouquin, et même des centaines ! Je ne serai donc pas exhaustive, mais je tiens à vous donner les conseils qui me paraissent essentiels et incontournables pour bien manger en post-partum.

1. PRENEZ DU PLAISIR

Ça va peut-être vous paraître étonnant, mais je trouve que, globalement, mes patientes souffrent d'un manque de plaisir en post-partum, tout simplement parce que le quotidien est plus harassant. Donc ? L'alimentation doit être une source de plaisir, car on n'en a pas 50 000 dans la vie. Cela ne veut pas dire manger des aliments ultra-transformés, mais prendre soin de son alimentation.

> Vous pouvez faire du *batch cooking* : vous cuisinez à fond le dimanche en grandes quantités et vous conservez vos plats dans des petites barquettes au frigo ou au congélateur pour les ressortir quand ça vous chante. Vous pourrez avaler une part de vos lasagnes *verde* le mercredi et une louche de votre sauté de veau aux olives le jeudi. Réjouissant.

2. DITES ADIEU AUX ALIMENTS TRANSFORMÉS, AUX ÉDULCORANTS…

Puisque j'estime que le post-partum est le moment idéal pour réinterroger des pans entiers de son existence et son mode de vie, je ne peux que vous suggérer de profiter de cette aventure pour dire adieu à un certain nombre de produits que vous aimez bien mais qui ne sont pas bons pour la santé : édulcorants de synthèse, aliments transformés (du genre des nuggets de marque obscure), bonbons pleins de conservateurs… Je vous propose de bannir ces aliments, mais je ne vous dis pas de devenir ayatollesque : réservez-les à l'exceptionnel.

> En décidant de ne pas faire entrer ces ingrédients chez vous, vous faites d'une pierre deux coups, car ils sont aussi mauvais pour vos enfants.

3. MANGEZ À SA FAIM (ET ÉQUILIBRÉ)

Si vous êtes dans l'optique de faire un rééquilibrage alimentaire (et c'est bien mieux qu'un régime : il s'agit de manger équilibré pour maintenir son poids de forme ou maigrir lentement mais sûrement), il est très important de manger à votre faim. Ne vous affamez pas, car cela entraîne des mécanismes compensatoires (votre organisme ne sait plus où il en est, vous conduit à des pulsions, stocke pour avoir des réserves…).

> Une assiette équilibrée, c'est quoi ? Moitié de légumes, un quart de protéines, un quart de féculents. Vous pouvez remplacer les féculents par des légumineuses (lentilles, pois chiches…), qui ont tout bon : elles sont pauvres en matières grasses et n'entraînent pas de pics de glycémie[1]. Elles peuvent même remplacer la viande ou le poisson, car elles sont riches en protéines. D'ailleurs, on les appelle les protéines végétales.

1 « Les légumineuses : des bienfaits pour la santé… et pour l'environnement ! », mise à jour du 10 février 2023, www.notre-environnement.gouv.fr/

4. ATTENTION AU SUCRE

Je vous la fais simple : manger du sucre entraîne un pic d'insuline, si bien que le taux de sucre dans le sang diminue, ce qui donne… faim. Bonjour les fringales, voire les sensations de malaise. Bien sûr, de temps en temps, c'est cool, mais globalement, limitez au max les sucres ajoutés. Pour ce qui est des autres sources de sucres (féculents, fruits), il faut se contenter d'en manger modérément.

Évidemment, ce sujet mérite mille pages, donc je vous propose des lectures : *Zéro sucre & IG bas, le déclic santé* de Bérengère Philippon (Larousse, 2022) et *Je cuisine IG bas pour toute ma famille* d'Albane Reclus (Albin Michel, 2023).

5. NE FUYEZ PAS LE GRAS

C'est surtout le sucre qui fait faire du stock et peut entraîner une prise de poids, pas tant le gras, injustement diabolisé ! Car non, il n'est pas mauvais pour la santé, il est même essentiel : il participe à la synthétisation d'un certain nombre d'hormones et vous donne de l'énergie. À condition, bien sûr, de préférer les bons gras aux mauvais gras (voir ci-dessous), en se tournant davantage vers les uns et en restant raisonnables… avec les autres. Le gras dans l'assiette n'est pas le gras des fesses, il faut en finir avec cet amalgame !

Choisissez du « bon gras ». Cuisinez davantage avec de l'huile d'olive (plutôt que du beurre), ruez-vous sur des amandes ou des noix (plutôt qu'un gâteau industriel)…

6. PENSEZ AUX OMÉGA 3

Les oméga 3 sont importants pour le système cardiovasculaire, le cerveau… Vous pouvez manger des sardines ou des maquereaux deux fois par semaine. Et c'est plutôt économique.

Attention au thon et au saumon, ces poissons sont plus gros et contiennent plus de métaux lourds puisqu'ils mangent les petits poissons, eux-mêmes pollués.

7. SE TOURNER VERS LE BIO AU MAX

Vous savez que l'agriculture est bonne pour l'environnement, nos sols, nos animaux… Mais elle l'est aussi pour votre santé. Ciao les pesticides. Au maximum, foncez sur le bio !

Vous me dites souvent que c'est trop cher. Je vous promets qu'en grande surface, le riz ou les pâtes bios ne sont pas plus onéreuses. J'entends que pour les légumes, c'est différent. Deux choses : choisissez-les de saison (ça sera moins coûteux) et courez plusieurs magasins s'il le faut, jusqu'à ce que ça colle avec votre budget.

Quand refaire du sport ?

L'activité physique est un pilier de la santé. En post-partum, j'encourage les femmes à marcher, marcher, marcher, notamment dans les semaines qui suivent l'accouchement. C'est loin d'être interdit. Mais une fois remise sur pied, ou quasi, vous pouvez carrément… faire du sport.

LE POST-PARTUM, PÉRIODE IDÉALE POUR SE METTRE AU SPORT

Vous connaissez ma ritournelle : on profite du post-partum pour changer de vie, ou plus exactement, accompagner son changement de vie (puisqu'elle mue et qu'on n'y peut rien, autant participer). Donc, le post-partum est une chouette période pour se mettre au sport. C'est vraiment l'occasion, car avec l'accouchement, et après l'accouchement, on redécouvre son corps et on prend soin de soi. Saisissez donc cet élan pour bouger et… oser. Osez même un sport sur lequel vous lorgnez depuis longtemps : danse, badminton, boxe, zumba, rollers… Votre corps sera heureux, votre tête sera heureuse, et l'activité choisie ne pourra que vous aider à vous remettre d'aplomb, petit à petit !

AVANT OU APRÈS LA RÉÉDUCATION DU PÉRINÉE ?

Tant que votre rééducation du périnée n'a pas été effectuée, je vous recommande de rester active au quotidien (et toujours via la marche), mais d'éviter le sport, surtout le sport intense pour le périnée, comme la course à pied, l'aérobic… Si ça vous démange, vous pouvez éventuellement faire du yoga ou du pilates, mais attention quand même. Ces sports impliquent de verrouiller son périnée pendant l'effort, et tant que la rééducation n'a pas été faite, on ne sait pas toujours comment s'y prendre ! Un peu de patience, donc !

Faire du sport prévient les pathologies chroniques et contribue au traitement d'un très grand nombre d'affections de longue durée comme le cancer, le diabète ou l'obésité, mais également les maladies neurodégénératives et psychiatriques. Il est aussi excellent pour le moral[1].

1 www.sports.gouv.fr/les-bienfaits-du-sport-25

On fait quoi ?

Une fois la rééducation du périnée achevée, celui-ci redevenu tonique, vous pouvez vous remettre au sport à bon rythme. Voici quelques sports qui pourraient vous plaire, parfaits pour une reprise.

LA MARCHE EST UN SPORT !

Vous pouvez tout à fait continuer ! L'idéal ? Essayer d'atteindre les 6 km/h. À titre comparatif, quand vous marchez dans la rue en flânant, vous êtes à 4 km/h. En accélérant, vous engagez votre cœur, vos muscles…

LE PILATES

Le pilates propose un renforcement musculaire profond, tout en douceur. On muscle le dos et on apprend à gainer abdos et périnée, grâce à un engagement du plancher pelvien. Les exercices ne sont jamais bourrins et la respiration tient un grand rôle. Un sport qui n'obtient que des bons points à mes yeux : vous vous détendez, vous travaillez votre posture, vous faites du bien à votre périnée…

LA PISCINE

Bon, je vous entends d'ici : la piscine, grosse flemme ! Se changer, enfiler son bonnet… Oui, il n'est pas toujours évident de se motiver. Mais qu'on se le dise : une fois dans l'eau, on est bien, et quand on en sort… on est très-très bien. On plane ! Ce sport est vraiment génial, car il ne traumatise pas le corps. En plus, même pas besoin d'être une pro du papillon. Un peu de brasse, ou de longueurs avec une planche… c'est suffisant et agréable.

L'AQUABIKE

Pédaler dans l'eau, ça vous dit ? Moins de chocs pour le corps, moins de courbatures ensuite… Et qu'est-ce que c'est amusant ! Je vous recommande de faire ça en club, avec un prof, plutôt que seule dans une cabine (ça existe). L'ambiance est importante ! Si le vélo, ce n'est pas votre truc, vous pouvez jeter un œil du côté de l'aquagym. À vous les frites !

Je suggère toujours deux choses : faire du sport à l'extérieur pour avoir un rendez-vous avec soi-même, et choisir une activité qui implique un paiement, parce qu'on a les boules si on sèche (donc on ne sèche pas).

COMPRENDRE LE BABY CLASH ET SOIGNER SON COUPLE

L'enfant peut souder le couple qui devient une équipe, apprend ensemble, partage des joies dingues… Cependant, le baby clash est une réalité qui touche deux couples sur trois. Mais qu'est-ce que le baby clash ? La somme des clashs — ou le gros clash, du type séparation — qui survient à la naissance de l'enfant. En cause :

- ***la fatigue***, qui peut rendre dingues et transformer nos dialogues en conflits ;

- ***les désaccords sur l'éducation***, parce qu'on ne vient pas du même moule et qu'on demeure perméables aux conseils reçus ici et là… ;

- ***l'inégale répartition des tâches*** ménagères et parentales. Quand l'un des deux casque plus que l'autre… forcément, ça vrille ;

- ***les proches,*** et notamment la famille, qui s'immiscent dans notre vie et deviennent lourds (on ne supporte plus sa belle-mère…) ;

- ***la « non-reprise »***, ou la lente reprise, des rapports sexuels : on n'est pas toujours sur la même longueur d'onde niveau désir ;

- ***l'absence d'extérieur***, le quotidien : on est bien, dans notre bulle familiale, mais notre vie d'avant s'en est allée. Nos passions, nos potes… On ne sort plus, ou plus assez ;

- ***les conversations*** qui tournent autour de l'enfant (c'est OK), mais qui prennent parfois tant de place qu'on oublie de se parler de nos vies d'adultes ;

- j'en passe et des meilleures !

Le baby clash n'est pas une fatalité !

Qu'on se le dise : le baby clash n'est pas une fatalité ! Je n'aime pas tellement la façon dont il est présenté. On imagine qu'il est incontournable et conduit au divorce. Mollo. On peut se fâcher, cela ne veut pas dire que l'on court à notre perte. Se rappeler qu'il est normal de s'engueuler pour un oui, pour un non, une marque de landau ou une carotte pas bio, ça soulage. Vous devenez parents, pour la première fois ou une nouvelle fois, il est plus que normal que vous ne soyez pas d'accord sur tout et qu'il vous faille en passer par des ajustements. *In fine*, vous verrez, le couple en sort tellement plus fort !

COMMENT ENTRETENIR LE LIEN ?

Émerveillez-vous !

Regardez votre enfant. Regardez ce que vous avez fait ! Se féliciter d'être parents, ensemble, fait un bien fou.

Prenez du temps en amoureux

Merci, Anna, on s'en doute… Oui, peut-être. Mais le problème, c'est qu'on se dit « oui, oui » et qu'on zappe. Ma recette : on s'organise une soirée à deux en amoureux tous les quinze jours, un week-end tous les deux mois et une semaine de vacances par an.

Croyez en l'amour

L'amour évolue, l'amour connaît ses hauts, ses bas, ses formes… Arrêtons de croire qu'il dure trois ans, puis s'en va… Certes, il change, mais il est toujours là ! J'insiste là-dessus, car en cas de baby clash, on peut être tentés de baisser les bras : on se croit irrécupérables, sous prétexte que nos grandes années de passion sont derrière nous. Bah non ! Laissez l'amour vous surprendre, muer, se transformer, râler, renaître…

Soyez polis

Une idée lumineuse pour votre relation ? Dites merci, s'il te plaît et pardon. C'est si bête, dit comme ça, mais c'est un moyen de se rappeler que l'on se considère l'un l'autre.

Soignez votre propre bonheur

L'amour, c'est beau. Tellement qu'on a tendance à raccrocher notre bonheur à notre vie de couple ! Le souci, c'est que quand celui-ci valdingue, plus rien ne va. À l'inverse, si on soigne son bonheur à soi, l'état de notre couple n'impacte plus notre moral. Aller bien « dans son coin » soutient le couple en cas de passage à vide.

Le pacte anti-baby clash

Faites ce que vous voulez de cette idée. Moi, je l'adore ! Je vous propose, si vous le sentez bien sûr, de faire un pacte avec le coparent. Le pacte des trois ans (puisque le post-partum dure trois ans) revient à se promettre que l'on ne se sépare pas durant les trois premières années de post-partum. Pourquoi ? Parce que la fatigue biaise nos ressentis et nos désirs, et parce que le quotidien d'aujourd'hui est chahuté… Dans trois ans, il sera différent, je vous le promets : votre enfant aura bien grandi, vous aurez pris vos marques…

Le mieux est évidemment de mettre en place ce pacte pendant la grossesse. Mais il n'est jamais trop tard : si ça ne va pas après la naissance, demandez-vous s'il vous est possible de le conclure à ce moment-là. On peut justement avoir besoin de lui en pleine tempête, pour s'accrocher !

Mais bien sûr, si vous ressentez le besoin de vous séparer malgré tout, discutez-en et écoutez-vous. Je ne vous dis pas de rester en couple coûte que coûte !

LE RETOUR À LA SEXUALITÉ

Quand reprendre une sexualité ?

Ce n'est pas parce que je suis sage-femme et que je porte une blouse blanche que je peux vous dire quand vous pouvez reprendre les rapports sexuels. La réponse est en vous car cette histoire de délai est avant tout une affaire de bon sens. Quel bon sens ?

- ***Si vous avez (encore) des fils*** ou agrafes au niveau vulvaire, je déconseille les rapports sexuels avec pénétration. Heureusement, la sexualité ne se cantonne pas à ça !

- ***Si vous n'avez pas cicatrisé*** (épisio, césarienne) et que vous sentez de la gêne ou des douleurs, ce n'est pas non plus le moment.

- ***Si vous n'êtes pas en forme***, que vous vous sentez physiquement patraques… vous attendez.

- ***Si vous n'avez pas envie***, vous n'avez pas envie, point. Reprendre une sexualité, c'est surtout avoir envie de reprendre une sexualité.

- ***Ne vous forcez pas :*** si ça fait mal, on arrête, d'autant que la douleur peut entraîner de l'appréhension et des blocages.

Les chiffres de la sexualité en post-partum

- Entre cinq et six semaines après l'accouchement, 41 % des femmes ont repris les rapports sexuels avec pénétration vaginale et 53 % ont repris une activité sexuelle (cela signifie que 12 % des femmes font l'amour sans pénétration).

- Entre neuf et douze semaines, on compte 65 % des femmes qui ont repris les rapports sexuels avec pénétration vaginale. Le chiffre grimpe à 73 % pour l'activité sexuelle.

- Entre dix et douze mois, on retrouve des taux de respectivement 97 et 98 %.

Je vous donne ces chiffres pour vous montrer que tous les rythmes sont dans la nature, et que, globalement, on n'a pas à s'inquiéter : le sexe, ça revient. J'insiste beaucoup là-dessus car nombre de mes patientes ont le sentiment que « les autres vont y arriver, pas moi ». Arriver à quoi ? Primo, le sexe n'est pas une compétition, et deuzio, l'important est de prendre son temps et de laisser son corps se remettre de ses émotions.

J'ai tout vu ! J'ai surpris des couples en train de faire l'amour dans une chambre de la maternité et j'ai écouté des femmes me raconter, un an après l'accouchement, qu'elles n'avaient pas refait l'amour et le vivaient bien. Pour vous dire que toutes les trajectoires existent !

Comment... reprendre ?

En pirouette, sur le crâne, ou dans la douche ? Je ne vais pas vous dire comment faire l'amour (manquerait plus que vous m'invitiez), mais voici quelques conseils pour… remettre un pied devant l'autre.

DE LA COMMUNICATION

Discuter de sexualité dans le couple ne paraît pas toujours évident mais peut être très soulageant. On se comprend, on se rassure, on partage une peur, un désir… Aussi, parler de sexualité est un moyen de la faire revivre doucement.

DU SEXE SANS PÉNÉTRATION

La pénétration n'est pas obligatoire ! On peut se délecter de caresses, de mots doux, de tendresse… Bien sûr, vous avez le droit d'adorer la pénétration. Mais allez-y quand vous le sentez.

DE LA MASTURBATION

Je pose ça là : la masturbation, quand on a envie, peut être un super-tremplin vers la reprise d'une sexualité. Elle propose de s'occuper de soi, de redécouvrir son corps, son plaisir, et de se rassurer quant à ses sensations, tout en douceur.

DE L'ÉCOUTE DE SOI

Avez-vous envie de faire l'amour ? Et quand vous faites l'amour, vers où souhaitez-vous conduire les caresses, les pratiques ? Et après ? Êtes-vous bien ? Qu'aimeriez-vous changer ? Le sexe est un partage, mais aussi une aventure individuelle.

Problèmes, problèmes ?

UN DÉSIR CAPRICIEUX

Le désir sexuel fluctue tout au long de la vie, et en post-partum, il peut être altéré. Normal ! Vous avez la tête à autre chose et le corps en pleine reconstruction. Si vous allaitez, c'est d'autant plus vrai, et c'est la Leche League qui le dit : « Chez certaines femmes [allaitantes], la montée du désir sexuel est plus lente et moins intense, et la lubrification moins abondante. »

LES DOULEURS

Les dyspareunies concerneraient 62 % des femmes dans les trois premiers mois suivant leur accouchement, et encore 31 % à 6 mois[1] ! En cause : les cicatrices, le manque de lubrification, les infections, une certaine appréhension (ça se comprend, vous venez d'accoucher, vous avez besoin d'y aller tranquille)…

> Ne laissez pas traîner une douleur, une perte de désir... Consultez !

1 G. Barrett, *et al.*, « Women's sexual health after childbirth », *British Journal of Obstetrics and Gynaecology*, 2000.

LE RETOUR AU TRAVAIL

Comment bien le vivre ?

On est d'accord : le congé maternité étant ce qu'il est (court), il me semble que reprendre le chemin du boulot est plus souvent pesant qu'enthousiasmant (fatigue, gestion de l'allaitement, charge mentale…). Selon une enquête APEC[1], la reprise du travail après la grossesse a été « difficile » pour la moitié des femmes interrogées.

TROIS CONSEILS POUR QUE ÇA SE PASSE BIEN

Je ne veux décourager personne. Je dis simplement que la reprise précoce est difficile, et vous n'y êtes évidemment pour rien.

Ce que vous pouvez faire pour ne pas flancher :

- ***Toujours essayer de garder du temps*** pour vous. Vous allez me dire que vous n'en avez pas ! Tentez de trouver une heure par-ci ou par-là (voir ma solution page 220), pour vous vider la tête et vous faire du bien.

- ***Changer de mode de garde*** si l'actuel ne vous rend pas sereine. Promis, ça peut grandement vous aider.

- ***Demander un arrêt de travail*** si ça ne va pas. On ne lésine pas avec la fatigue accrue, la baisse de moral, le ras-le-bol général, la tête qui va exploser…

Et si je ne reprenais pas ?

Il y a des femmes qui, enceintes, sont convaincues que la durée du congé maternité leur conviendra. Une fois qu'elles accouchent, elles ont très envie de revoir leur copie car elles prennent conscience de ne pas être prêtes. Si vous faites ce constat, étudiez toutes les possibilités de façon à pouvoir décaler cette reprise :

De quelques semaines ? *OK. Avec un arrêt de travail ? Un congé parental ? Des congés supplémentaires ? En tout cas, il faut trouver une solution et suivre cette petite voix, quitte à manger des pâtes. C'est exactement ce que j'ai fait. Quand j'ai repris aux 6 mois de mon fils, j'étais prête et heureuse, car alignée ! C'était choisi !*

Ou carrément plus ? *Encore une fois, pas de tabou. Si vous n'avez plus l'envie de travailler, mais celle de vous stopper un temps pour vous occuper de votre enfant, accordez-vous le droit de l'envisager très sérieusement.*

Évidemment, le retour au travail peut aussi très bien se passer ! On peut aimer son boulot et se sentir très heureuse de retrouver « son identité professionnelle ». Dans ces cas-là, la reprise est choisie, et c'est génial.

1 Enquête APEC, « Le retour de congé maternité des femmes cadres », publiée le 8 février 2024.

Oser interroger son rapport au travail

Vous le savez, je vois le post-partum comme un *reset* heureux, soit l'occasion de revoir tous les pans de notre existence. La vie professionnelle en fait partie. L'arrivée d'un enfant peut bouleverser votre rapport au travail, de deux façons :

- ***au niveau de la quantité :*** est-ce que vous avez envie de travailler plus, ou moins, ou autant qu'avant ?

- ***au niveau de la qualité :*** l'enfant vient interroger notre activité professionnelle. On a l'impression d'avoir un juge à la maison. Il ne dit rien, certes, mais il nous pousse malgré lui à questionner le contenu de nos journées.

Voilà pourquoi je dis que le post-partum est une chance : on se rend compte, au choix, que l'on adore notre travail, ou bien que l'on veut en changer. Beaucoup de mes patientes amorcent des reconversions professionnelles, désireuses de donner du sens à leur boulot.

Pensez à refaire un test EPDS (voir page 28) avant le retour au travail, puis après trois semaines de reprise... Un bon moyen de vous évaluer.

Attention aux décisions trop hâtives

Toutefois attention : souvent, on veut tout bazarder. Super ! Mais la précipitation entraîne parfois son lot de regrets. Je me souviens d'un couple qui avait décidé de partir élever des chèvres en Corrèze (ce n'est pas des conneries). Ils ont tout plaqué du jour au lendemain et ont vécu l'enfer. Faire demi-tour a été compliqué et ils ont perdu beaucoup d'argent. À l'inverse, une de mes patientes a pris le temps d'étudier son envie de devenir fromagère en Auvergne. Il lui a fallu une bonne année pour asseoir sa décision avant de se lancer. Aujourd'hui, elle est heureuse. Tout ça pour vous dire : prenez le temps de réfléchir et de laisser mûrir. Profitez éventuellement d'un congé parental pour disposer d'un temps précieux et faire le point sur vos attentes.

DU TEMPS POUR SOI

C'est pour moi une obsession, le temps pour soi est nécessaire. Parlons-en.

Parents heureux, bébés heureux

Je multiplie les visites en post-partum, auprès de mes patientes, et ça peut me rendre malade, dans le cœur et dans la tête, de constater combien certaines femmes s'oublient dès lors qu'elles ont un bébé. Je ne dis pas que c'est de leur faute, de votre faute. Il est très important de le préciser : entre la pression sociale, des conditions de vie difficiles et le quotidien chargé, il n'est pas simple de trouver du temps pour soi (ou d'oser le prendre). Mais je n'en peux plus de voir que les femmes font passer leur santé physique et mentale après celle des autres. Elles n'ont même pas le temps de prendre une douche et elles se privent de tout plaisir comme si elles n'avaient plus le droit de profiter de la vie ! Je le dis et le redis : pour qu'un bébé soit heureux, il faut que ses parents soient heureux. Le bébé est une éponge ! Avant l'âge de 9 mois, il ne sait même pas qu'il est une personne différente de vous. Il pense (façon de parler) que vous êtes le même corps ! Ce qui signifie logiquement que votre bonheur est absolument essentiel ! Les femmes qui s'esquintent à rendre leur bébé heureux (via des massages, des achats dernier cri, etc.) ne mettent pas leur énergie au bon endroit, me semble-t-il ! Bien sûr, si vous agissez ainsi et que cela vous convient, très bien. Mais je maintiens que la santé physique et psychique de votre bébé passe par la vôtre et qu'il est donc indispensable que vous preniez soin de vous.

J'ose le dire maintenant, mais l'état de dépression du post-partum peut avoir des répercussions sur l'enfant. Ça ne fait vraiment pas plaisir au bébé quand vous souffrez.

Misez sur le plaisir

Le « bien-être » est un concept un peu flou. On voudrait « vivre bien-être », mais on ignore comment s'y prendre. Faut-il boire des tisanes à l'ortie et pratiquer le yoga ? J'aime dire que pour atteindre un état de bien-être, l'important est de multiplier les plaisirs, soit les petits trucs qui nous font du bien :

- ***pour certaines femmes, le plaisir se trouve dans le « cocon » :*** elles se sentent bien quand elles sont avec leur bébé ;

- ***pour d'autres, cette bulle 100 % maternité ne suffit pas*** à l'épanouissement (et c'est loin d'être anormal !). Si vous en êtes, je vous recommande de lister tout ce qui vous fait plaisir au quotidien. Aller faire des courses ? Une expo ? Voir des potes ? Regarder une série ? Prendre des bains ? Je ne peux pas le savoir à votre place (c'est tellement variable selon les patientes). Une fois votre liste de kifs établie, trouvez des bras en qui vous avez confiance pour faire garder votre enfant, et octroyez-vous des moments de joie !

Parfois, retrouver juste une heure ou deux par semaine une activité ou passion qui nous anime nous reconnecte à nous-même et nous réveille !

Des temps d'introspection

Le conseil que je vais vous donner flirte grandement avec le développement personnel, mais promis, il est efficace. Fixez-vous des rendez-vous avec vous-même, au rythme qui vous sied, pour vous poser quelques questions et vous sonder intimement : est-ce que ça va ? Qu'est-ce qui pourrait s'améliorer ? Comment organiser ma vie pour qu'elle me satisfasse davantage ? Parfois, on fait reposer sur le partenaire ce qui va ou pas, ou même sur l'enfant. Or, souvent, on a les réponses en soi !

Je me rappelle une patiente qui, chaque jour après le travail, récupérait son enfant à 18 heures à la crèche. Cette femme me disait que ça n'allait pas tellement. Pas de dépression pourtant, mais on a fini par déceler un état de déprime, car ses journées étaient interminables et elle ne pouvait jamais penser à elle. Ce qu'elle a fait : elle s'est accordé une heure par jour, en grignotant d'une part 30 minutes sur son travail (elle partait plus tôt) et en laissant son enfant 30 minutes de plus à la crèche. Elle disposait donc d'une nouvelle heure juste pour elle ! Je vous jure que ça l'a métamorphosée. Inspirez-vous de cette histoire. Voyez ce qui vous convient.

Conclusion

Chère lectrice,

Je décide de conclure ce carnet par une lettre, une lettre que je vous adresse pour vous exprimer ma reconnaissance, mon soutien et mon amitié. Une lettre pour me rapprocher de vous, encore un peu plus.

Vous me connaissez plus que je ne vous connais, c'est certain. Pourtant, je vous devine. Vous êtes peut-être cette femme que j'ai croisée hier dans la rue, un bébé contre le cœur et un grand sourire aux lèvres. Vous êtes peut-être cette femme chez qui j'ai décelé un brin de peine dans le regard, et alors ce brin de peine ne m'a pas quittée. Je vous vois partout et je pense sans cesse à vous. Je pense à toutes celles qui deviennent mères et traversent silencieusement, dans la dignité la plus absolue, cette incroyable aventure qu'est le post-partum. Je continuerai de raconter et défendre cette période qui demeure sous-estimée, parce qu'à travers cette mission que je me suis donnée, c'est vous que je raconte et c'est vous que je défends.

Je veux vous redire à quel point vous êtes formidable. Ce que vous avez réalisé en un an est extraordinaire et vous ne l'entendrez jamais assez. Et puis, avant ça, vous avez vécu une grossesse, et peut-être même traversé de nombreuses épreuves avant de tomber enceinte. Voyez d'où vous venez ! Vous pouvez être fière. Fière de vos combats, fière de vos émotions, fière de votre corps. Vous avez ri, vous avez pleuré, vous avez vécu.

Vous êtes encore en plein post-partum, mais n'oubliez jamais que ce qui est fait est fait. C'est gagné ! La première année est la plus intense. Elle est le premier tiers du voyage, elle représente la découverte et une somme de premières fois qui transforment les suites de couches en une épopée. La première année, tout est plus fort, tout est plus fou. Il vous reste deux tiers à parcourir. C'est bien plus cool, et paradoxalement, c'est encore long : on a envie d'arriver. Ne vous inquiétez pas : vous allez revivre cette première année deux fois, mais tout sera plus soft. Le paysage sera plus doux et le quotidien mieux appréhendé.

Je dis que le post-partum dure trois ans. Cela correspond presque à une réalité anatomique. En sus, un bébé qui fête ses 3 ans devient un enfant, donc un être autonome, si je puis dire. Mais bien sûr, le post-partum dure parfois deux ans et demi, parfois quatre. Si vous retombez enceinte, alors vous repiquez et le post-partum s'étire et s'étend. Mais maintenant, vous savez. Vous savez qui vous êtes. Vous avez déjà réussi, vous réussirez encore.

Si vous vous sentez bien, je m'en réjouis et vous souhaite que ça continue. Si vous vivez l'enfer, si vous êtes en dépression, je vous envoie toutes mes marques d'affection et vous conjure de ne pas désespérer ; on en sort. Si vous souffrez de maux physiques, je ne peux que vous dire de vous battre bec et ongles jusqu'à trouver des solutions. Si vous êtes nostalgique et paumée, je vous encourage à chercher les petits plaisirs de l'existence et à les multiplier. Si vous avez un enfant malade, je vous souhaite très sincèrement de recevoir l'aide que vous devez absolument recevoir. Si vous êtes épuisée, je vous promets que l'énergie revient. Elle revient un beau matin et presque sans prévenir ; le jour où elle m'a surprise, mes yeux se sont remplis d'eau à la gare Montparnasse. J'étais redevenue « moi ». Ce jour-là, j'ai retrouvé la sensation de m'habiter, et alors j'ai compris la joie de me revivre mais dans une autre dimension : une dimension avec deux merveilleux enfants à mes côtés, que j'avais fabriqués, élevés, chéris.

Rappelez-vous que le mauvais temps ne dure jamais bien longtemps. « Le bonheur m'a dit en partant qu'il reviendrait » : j'aime beaucoup cette phrase, aussi cucul puisse-t-elle paraître. D'ailleurs, j'ai même envie de vous dire que si le bonheur prévient toujours de son retour, il omet de préciser qu'il reviendra plus pimpant et très bien habillé. À votre porte, bientôt, il se présentera sur son 31 et je vous jure que vous le reconnaîtrez instantanément.

Songez aux jours plus gais, mais songez aussi à vivre maintenant. Je le répète assez : le post-partum propose de revoir tous les pans de son existence et il serait dommage de s'en priver. Il est l'occasion de dessiner la vie à laquelle nous aspirons. Cette vie n'est peut-être pas parfaite, mais c'est la nôtre. Saisissez-la et restez grande.

Je vous embrasse très fort et vous remercie de donner du sens, chaque jour, à mon métier et mes batailles.

Anna Roy

PAPIER À BASE DE FIBRES CERTIFIÉES

LAROUSSE s'engage pour l'environnement en réduisant l'empreinte carbone de ses livres. Celle de cet exemplaire est de :
1,5 kg éq. CO_2
Rendez-vous sur www.larousse-durable.fr

Achevé d'imprimer en Slovaquie par Polygraf Print Spol.S.R.O.
Dépôt légal : septembre 2024
336218/01 - 11055176 - juillet 2024